宇宙不是沒有安排你，只是安排得比較晚

老楊的貓頭鷹——著

你只需記住，世上只有兩種事：
一種是好事，一種是你暫時還不知道好在哪裡的事。

你只需明白：
凡事發生必有利於我，
利我強大，利我堅韌，利我穩重，
利我逢凶化吉，利我無堅不摧。

@良心脆弱的人：

希望你每天「三省吾身」之後，得出的結論永遠是：吾很可愛，吾沒錯，吾怪好的。

@心裡有傷痕的人：

替所有人向所有人提個醒：如果有一天，我們再見面，你問我「最近好嗎」，我說「滿好的」，請你記得，多問幾遍。

@在愛情裡患得患失的人：

感情的真相是，喜歡的時候是真的喜歡，不喜歡的時候也是真的不喜歡。所以，不要在相愛時找不愛的證據，也不要在不愛時找還愛著的痕跡；不要在還喜歡的時候去想像「萬一不喜歡了怎麼辦」，也不要在不喜歡的時候去懷疑「曾經的喜歡是不是裝的」。

@隨時能哄自己開心的人：

即便是陰天，你也知道「太陽正在載入中」；即便諸事不順，你也相信「好運正在來的路上」。

@不懂得拒絕的人：

熟練地掌握敷衍的技巧，是可以讓一些不喜歡的人和事「快轉」的。比如：禮貌、熱情，一問三不知；感恩、謝謝，但是對不起；明白、瞭解，可是沒辦法；好的、知道，下次一定；嗯嗯、哦哦，您說得都對。

@靈魂緊繃的人：

鬆弛感的本質，不是由著自己的性子肆意妄為或者對世間萬物都無所謂，而是明白：「他人的看法」重點在「他人」，「自己的人生」關鍵在「自己」。

@今天想要好運氣的人：

來吧，拿出手機，打開前鏡頭，對著鏡頭念：「我就是會發財的命，我就是享福的命，我就是身體健康的命，我就是吃喝不愁的命，我就是只有開心、沒有煩惱的命。」

@電量不足的人：

感覺很 emo 的時候，就像手機電量低於 20%，要自動變成省電模式，訊號不用那麼強（不關心別人怎麼說，怎麼活），網速也不用那麼快（不選擇，不回應），沒關機就行。

@原生家庭不如意的人：

不要因為原生家庭不如別人就任由自己糟糕下去，也不要因為比不過別人就覺得自己很糟糕。別人從山腳爬到山頂很厲害，你從深淵爬到地面也很厲害。

@在成為大人的路上並不快樂的人：

不要卡在「是不是」、「該不該」、「好不好」、「行不行」、「對不對」裡面，要專注於「我可以跟別人不一樣」、「我就是想試試看」、「我可以承擔後果」、「我不想聽你的」、「我甘願，你管得著嗎」。

@總覺得生活沒意思的人：

要去愛具體的生活，要興致盎然地跟這個世界交手過招，做一個永遠會為路邊的樹、天邊的雲、翻滾的浪、撒嬌的貓咪、新一輪的滿月、可口的飯菜、夏夜的晚風、冬天的白雪而歡呼雀躍的人。

@所有人：

祝你能把世俗的眼光一裁再裁，祝你在洶湧的人海裡活得盡興又開懷。願你像煙火般熱烈，過劈哩啪啦的人生。

前言

希望你命運的齒輪從這本書開始轉動起來

你天天想著上岸，可你根本不知道岸在哪裡。你並不想長大，可你已經沒辦法繼續當小孩了。

你的青春已經餘額不足，可你並沒有做好當大人的準備。結果是，除了年紀之外，你一點都不像個大人。

你祈禱生活對自己好一點，生活拍拍你的肩膀說：「好好做，年底幫你加一歲。」

你剛打算墜入愛河，河神就忙不迭地提醒你：「不要把垃圾丟進河裡！」

你向老天發誓說：「我的命都可以給他！」

老天清了清嗓子說：「你的命又不好，為什麼要把不好的東西給別人？」

結果是，你揣著四面漏風的心站在人生的十字路口，不知該何去何從。

你想成為「喜怒不形於色，寵辱不驚」的人，實際卻是「喜怒皆形於色，寵辱都驚」。

你嚮往「三人行，必有我師焉」的社交，實際卻是「三人行，必有突兀鬼」。

你以為的人生是「乾坤未定，你我皆是黑馬」，現實卻是「鬧鐘一響，你我都是牛馬」。

你期待的生活是「情不知所起，一往而深」，現狀卻是「錢不知所終，一貧如洗」。

結果是，你做不了自己，也做不成別人。

你很難做到像別人那樣自私，可你又隱約地覺得，自私是對的。

你以前是「討好型人格」，後來長大了，變成了一邊討好，一邊在心裡喊「你憑什麼」的彆扭型人格。

你渴望被愛，可又怕被傷害。

結果是，當幸福來敲門，你說：「放門口吧。」

你信仰神明，你研究星座，你在每一個許願池前祈禱，就是不相信那個人已經不愛你了。

到末了，你怪神明不講究，怪星座不準，怪許願池不靈，就是不怪他騙你。

結果是，你一邊大喊著「要翻頁」，一邊又偷偷地摺了個角。

你從小就被教育「吃得苦中苦，方為人上人」，所以你參加了一輪又一輪的「爭當人上人」的遊戲。

你每天累得就像一灘水泥，可你又清楚地知道，心裡有一排鋼筋，結結實實地把自己硬撐起來。

結果是，生活變成了一台笨重的石磨，而你就像一隻買鞭子給自己的驢子；世界變成了一個巨大的轉輪，而你就像轉輪上停不下來的倉鼠。

你不想吃努力的苦，也不想吃生活的苦，就想莫名其妙地享福。

罵了一整年老闆，尾牙節目卻是《感恩的心》；喊了一整年「要辭職」，初六文案卻是「開工大吉」。

你總說明天會更好，可你老是躺著；你想做的事情很多，可你被困在了一個整天只想玩手機的身體裡。

你在白天算自己還有幾個小時下班，又在晚上算自己還能睡幾個小時的覺。

你躊躇滿志卻又整日混吃等死，想與命運對抗卻又事事心灰意懶，你心比天高卻又處處畫地為牢，你胸懷大志卻又總是原地踏步。

結果是，別人是未來可期，你是未來可分期。

你受不了父母的固執和嘮叨，卻又心疼他們的犧牲和操勞。

你怨恨父母不理解自己，卻又暗下決心要賺好多錢給他們花。

結果是，你的身體裡住著兩個你，一個想回家，一個想逃離。

你的心理狀態是：可以不結婚，但不能沒人要；可以討厭工作，但不能沒工作；可以想死，但體檢報告不能出一點問題。

你的精神狀態是：沒有很快樂，也沒有不快樂，年紀輕輕就兩眼無光，像燒光了的紙屑，像快要下山的太陽。

結果是，世界上有兩個你，一個積極向上，開朗大方；一個半死不活，孤獨異常。

你總是試圖讀懂別人的所思所想，總是試圖預測沒辦法保證的未來，總是糾結不要緊的細節，總是在腦海中循環播放某個糟糕的瞬間，總是陷在過去的回憶裡不能自拔，總是為自身的某個小缺點惶惶不安。

你的眼睛盯著熱熱鬧鬧但空空洞洞的熱門話題，你的耳朵聽著跟自己毫不相干但相當刺耳的言論與評價，你的嘴巴練習著等一下要討好某人的話，你的手指在不停地滑著不知道拿出來做什麼的手機，那你的腦子自然就會「記憶體不足」。

結果是，你既是乾柴，也是烈火，一部分的你在消耗著另一部分的你。

我們都是被突然「扔」到這個世界的，沒有人問你願不願意，也沒有人告訴你這一生該怎麼過。

聖賢提醒你說「既來之，則安之」，可沒有具體說「怎麼安」。你也經常寬慰自己說「來都來了」，可依然不知道「來幹嘛」。

十八九歲，剛考完大學，你對科系、前途、職業一無所知，卻被要求選擇自己的校系。

二十四五歲，大學畢業，你對人生追求、商業世界的運行規則毫無概念，卻被要求選擇自己的事業。

三十歲不到，你在對自己、對人際關係、對人情世故一知半解的情況下，卻被要求確定人生伴侶。

如此說來，人生出問題本就是一個高機率事件。

可這就是人生啊，假裝容易又平坦，其實每一步都艱難。

但我要提醒你的是：選錯了沒事，比不過沒事，單身也沒事；看手機沒事，睡到中午沒事，亂花錢也沒事；不對討厭的人笑沒事，大聲哭沒事，不那麼乖也沒事；軟弱可以，逃避可以，承認自己痛苦也可以；朋友不多沒關係，飛機晚點沒問題，有人不喜歡自己也很正常。

你只需記住，世上只有兩種事：一種是好事，一種是你暫時還不知道好在哪裡的事。

你只需明白，凡事發生皆有利於我，利我強大，利我堅韌，利我穩重，利我逢凶化吉，利我無堅不摧。

所以，不要把別人看得太重，「我願意」比「你滿意」更重要。

不要無視自己的感受，「我高興」比「讓你開心」更重要。不要擔心被誤解，「我怎麼看」比「你怎麼看」更為重要。不用非得跟別人一樣，「別人都這樣」是「我不想這樣」的絕佳理由。

事實上，說你「不懂事」，意味著你「不好騙了」，意味著你「有主見了」，是褒義詞。

說你「強勢」，意味著「操控不了你」，意味著你擁有了「視他人如糞土的能力」，是褒義詞。

說你「自私」，意味著「沒能占到你的便宜」，意味著你的利益「不允許別人侵犯」，是褒義詞。

說你「見外」，意味著你「不想浪費熱情」，意味著你在「防禦」，等於變相地跟人說「請別說了，請離我遠一點，請自重，請要點臉吧」，也是褒義詞。

如果你總是表現出「沒事的，你可以不跟我玩」、「是的，我這個人不好說話」、「嗯，我不想幫你的忙」、「對啊，我就是態度不好」、「對對對，我就是不講人情」，那麼你每天晚上都會睡得很香。

如果你年輕時，嘴饞了就吃，心累了就歇，看到喜歡的就買，不想面對的就躲，遇到心上人就奮不顧身，遇到討厭鬼就不給面子，時時刻刻都知道照顧好自己的感受，那麼等你老了，驀然回首，就會發現自己度過了無怨無悔的一生。

希望在這個不大不小的年紀，你能落落大方地做自己。希望你的溫柔細膩不被視為軟弱，希望你的善良大方不被當成傻瓜。希望你在搞砸之後還擁有自救的能力和從頭再來的勇氣。希望你每天「三省吾身」之後得出的結論永遠是：吾很可愛，吾沒錯，吾怪好的。

希望在這路遙馬急的人間，你能做個為愛衝鋒的勇士。希望你無論對愛情多麼苛刻，都有愛的人，也希望這個世界無論多苛刻，都有人愛你。希望你是因為有趣而被愛，因為有用而被需要，同時因為無用和無趣的細枝末節而被視若珍寶，也希望你在相遇與錯過中學會釋懷，在遺憾和悔恨後學會珍惜。

希望在這瑣碎繁雜的生活中，你能收拾好心情，整理好情緒，照顧好身體，以最大的平靜去愛不確定的生活，以最大的耐心去面對突如其來的變化和身不由己的麻煩，不染戾氣，不昧良心，不失毅力，不丟信心。希望你早日畢業於生活的驚濤駭浪。

希望在這個喧囂浮躁的時代，你能被這個世界好好愛著。希望你能依自己喜歡的方式，熱烈又真誠地過一生。希望你的生活有足夠多的精彩留白，希望你能把世俗的眼光一裁再裁，希望你在洶湧的人海裡活得盡興又開懷。希望你像煙火般絢爛，過劈哩啪啦的人生。

老楊的貓頭鷹

二〇二四年六月十五日，遼寧瀋陽

目錄

Part 2

我這一生，確實是熱烈又真誠地活著

目錄

Part 3

不要停止成長，這個世界不慣著弱者

Part 4

這世界就是一個巨大的舞台

Part 1

凡事發生必有利於我

做人哪，要把自己當作是來這人間走一回的神靈，
每一次深陷痛苦、焦慮、猶豫、為難時，你就提醒自己：
哇，原來人間的痛苦是這個樣子呀，這可是本仙沒有想到的，
嗯，很深刻，很新鮮，有學到。

01. 關於自我

所有好相處的人，都沒能好好地跟自己相處

(1)

有兩組非常精彩的對話：

「你的包包不好看，我一點都不喜歡，我的這款才好看。」

「我的東西，不用你喜歡，我喜歡就行。」

「你不想討人喜歡嗎？」

「我想用我本來的樣子討人喜歡。」

是的，不要幫外人欺負自己，不要被別人的噓聲給唬住了，要反覆提醒自己：讓人失望是可以的，拒絕別人是可以的，跟別人不一樣也是可以的。

最好的心態是：我活我的，你活你的。我不想為了讓你滿意而假裝認同，我不想為

了讓你開心而委屈自己，我不想總是做犧牲最大的那個，我不想總是聽到「對不起」，我不想為了維持表面的和平而壓抑自己的感受，我不想小心翼翼地為我的每一個決定、每一種情緒跟每一個人解釋。如果我們能夠相互理解，那很好；如果不能，那更好。

一個人要想在人間活得自在，首先是「把自己當回事」，其次是「不期待別人把自己當回事」。

事實上，如果你年輕時，嘴饞了就吃，心累了就歇，看到喜歡的就買，不想面對的就躲，遇到心上人就奮不顧身，遇到討厭鬼就不給面子，時時刻刻都知道照顧好自己的感受，那麼等你老了，驀然回首，就會發現自己度過了無怨無悔的一生。

(2)

有一句話引起了無數年輕人的共鳴：「學歷是敲門磚，也是我下不來的高臺。」

這句話裡，有初入職場後萬丈雄心碎一地的清脆，有引以為傲的「讀書人」身分與「百無一用是書生」的現實之間的巨大落差，有無法向家裡人解釋的「讀了這麼多年書，薪水為什麼還不如在工地搬磚頭」的尷尬，有無法跟自己解釋「再怎麼說也是上過大學的人，怎麼能做這種事」的迷茫。

因為讀了這麼多年的書，所以你自認為高人一等。所以，你厭惡體力勞動的髒亂與疲倦，厭惡人際交往的虛偽與客套，厭惡愛財之人的小聰明和斤斤計較，厭惡弄權之人的狡詐和口是心非，也厭惡普通人的庸俗喧囂和不求上進……

你對世俗的「厭惡」反過來會要求你自己必須符合規範，必須遵守規則，必須慷慨大方，必須體面，必須優秀……

結果是，你被框在「乖巧、懂事、好人」一類的評價裡騎虎難下，所謂的「好學生」、「乖孩子」、「好人」、「名校」、「高材生」成了你一生都逃不出的陷阱。

你將學生時代的「全勤榮譽」延續到工作中，請假成了難以啟齒的需求。你將「合群」延續到人際交往中，拒絕別人就像是一種恥辱。你將「努力拚排名」延續到職場，發呆和休息就像犯錯。

學生時代，你是「別人家的孩子」，扮演的是「優等生」的角色，你擅長在題海中尋找超越同齡人的應試技巧，也懂得在生活中迎合父母和老師的期待。

但工作了，為了維持「優秀」的自我形象，你對主管絕對服從，並習慣性地用討好他人的方式來獲得認可。

童年時期，你是「孔融讓梨」中的主角，無數次品嘗到了被誇讚的甜頭。

成年之後，那種為了「讚譽」而犧牲自己利益的活法卻讓你成了職場和人際交往中的軟柿子。

你從小就被教育，要當聽話的孩子，要好好聽課、做對題目、別惹禍，要當好學生。可是一進社會，你發現在學校裡管用的那一套生存法則，在社會上不靈了。

本以為認真工作就好了，沒想到還要處理同事關係，還要面對競爭關係，還要揣摩怎麼跟主管相處，怎麼彙報工作，怎麼爭取利益，怎麼表達感受。

本以為寫篇稿子發出去就好了，沒想到還要考慮按讚數、點閱次數、轉化率，以及追在一些耍賴的甲方屁股後面要稿費。

本以為買房子交錢就好了，沒想到裝潢的時候會被騙，房子漏水了要賠錢，物業不好要去投訴，鄰居太吵要去溝通。

本以為找個人結婚過日子就好了，沒想到養家糊口那麼麻煩，處理親密關係那麼困難，維護家庭關係那麼複雜。

「好學生」是別人幫你戴的高帽子，戴好了，你會嚴於律己，會屢創佳績。但戴不好，它就成了枷鎖，成了你下不來的「高臺」。

在玩樂上，你總是抱著一種「不夠出色就不配享受」的罪惡感，因為你從小就認為，穿漂亮的衣服、精心打扮、好好玩一次、好好吃一頓的前提是名列前茅，是榜上有名。

在表達喜好上，你難以面對真實的自己，換頭貼會瞻前顧後，發文會猶豫不決，甚至就連填寫個人愛好也會反覆掂量。

唉，被讚美拼湊出來的自我太易碎了。

結果是，你做不了自己，也做不成別人。以前是討好型人格，後來變成了一邊討好，一邊在心裡喊「你憑什麼」的彆扭人格。

(3)

突然想到了一個女孩傳給我的私訊：「老楊啊，我感覺我有病。我從小就是好孩子，非常乖，作業從來不用催，考試也從來不用父母擔心。在學校裡，我總是搶著擦黑板，搶著打掃衛生，我得過好多次模範生。現在工作了，我竟然有種在職場無法立足的感覺。我自認為是非常主動且聽話的打工仔，主管說往東，我絕不往西。我也從來沒有違反一條規章制度，從來沒有遲到、早退過，該我做的工作我都保質保量完成了。我也自認為是個非常善良的人，同事讓我幫忙的事情，我從來沒有拒絕過，也從來沒有跟誰起過衝突。可是，升職沒有我，評選優秀員工也沒有我。我什麼都沒做錯，現實卻告訴我『全錯了』。」

我回：「你是被『好學生心態』給困住了。」

什麼叫「好學生心態」？

就是認為自己只可以好，不允許糟。

如果得不到認可，如果被比下去了，如果搞砸了一次，你就會產生巨大的挫敗感、焦慮感、愧疚感，就會陷入嚴重的自我懷疑之中，然後沒完沒了地內耗下去。

就是非常在意外界的評價。

如果一百個人裡面有九十九個人給了好評，但有一個負評，你就會認為自己不好，然後自責。換個角度來看，就算別人不來卷你，你也會拚命卷自己。

就是習慣性地道歉。

比如別人的包包弄痛你了，或者你在飯菜裡發現了頭髮，也只會很小聲、很卑微、很有禮貌地說「抱歉，打擾了」，侷促得就像是自己犯了錯。

就是內心有很多衝突。

是「我喜歡、我想要、做那件事我會開心」與「別人不希望我那樣、別人不喜歡我那麼做」之間的衝突，是「按照我自己的意願去做，我怕別人不滿意」與「按照別人的意願去做，我會不開心」之間的衝突。

就是活得非常彆扭。

比如說，明明很無助，但不敢、不會，也不願意求助；明明不想幫忙，但不能、不會，也不敢拒絕。

又比如說，別人靠一頓飯就解決了難題，你跑了好幾趟也無濟於事。於是你既羨慕別人輕易得到了想要的結果，又對「走後門、靠關係」這種方式嗤之以鼻。

害怕失敗、習慣性討好、不會拒絕、把結果和個人價值畫等號、苛求完美、逼自己必須優秀……這些是「好學生」給自己套上的心靈枷鎖。

遵守所有的規則、凡事先從自己身上找原因、把努力當作成功的唯一途徑、把他人的期望當成最重要的目標……這些是外界給「好學生」貼的標籤。

結果是，你活成了最讓人省心、最容易相處的樣子，但代價是，你犧牲了你的快樂、自由、個性和原則。

你一點點地下調底線，你一次次地背叛自己，你太能忍且安靜，讓周圍的人忘了你正在承受痛苦。

唉，所有好相處的人，都沒能好好地跟自己相處。

被「好學生心態」困住的人還有一個特徵：喜歡犧牲自己。比如說，已經很晚了，想請室友熄燈睡覺，但又覺得亮一點也能睡著，只是晚一點點，所以，算了。

和朋友逛街，想試試櫥窗裡的那件外套，但又擔心讓朋友久等，反正也不是急著買，所以，算了。

開會的時候，想上廁所，但又怕打斷主管的講話，幸虧還能憋得住，所以，算了。

實際上，早點睡覺一定會更有精神，試穿了那件衣服一定會更滿足，及時去上廁所一定會更舒服，但你選擇「算了」，因為你希望自己是最讓人「省心」的樣子，所以寧可犧牲自己的健康、舒適和快樂，儘管沒有人要求你必須這麼做。

殘酷的現實是：當你快樂時，你高機率是善良的；但是當你善良時，未必快樂。

那麼你呢？應對人際關係覺得很心累，但又覺得不能斷掉關係。總是關注別人的反應是什麼，總是想著「怎樣能讓別人滿意」。不想做老好人，卻又不敢反抗。極其渴望證明自己的能力，但又非常畏懼負面評價；總想在方方面面都做到最好，但又覺得自己什麼都做不好。

會因為玩了一整個週末沒有學習而覺得自己虛度了光陰，就算是生病請假也會有負罪感，上課時間離開教室上廁所也會戰戰兢兢。嚴格地遵守規則，但從不研究規則。不論是八歲、十八歲，還是二十八歲、三十八歲，甚至是八十八歲，腦子裡始終都緊繃著一根弦，就像一直在念高三。

結果是，你活得就像一個長期被囚禁在象牙塔的囚犯，突然被放了出來，你用象牙塔裡的思維繼續把現實生活當考卷，可不管你怎麼寫題目，再也沒有人能告訴你「什麼是正確答案」、「怎樣才能拿高分」、「做錯了怎麼辦」，你再也沒辦法拿著被扣分的考卷去找老師理論：「這一題您改錯了，不是這樣的。」

做人滿難的，太柔了容易被壓榨，太剛了容易被折斷，太雅了不被賞識，太俗了又不忍直視。這就意味著，我們終其一生的任務就是：擺脫別人的期待，活成真正的自己。

(4)

那麼，被「好學生心態」困住的人該如何自救呢？這裡有九個親測有效的建議：

1. 如果怕犯錯，不妨犯一次試試看。

害怕搞砸，就搞砸一次；害怕遲到，就遲到一次；不敢請假，就請一次。

然後你就會發現：搞砸一次，生活不會崩盤；遲到一次，公司不會倒閉；請假一次，世界不會毀滅。

如果別人犯的錯在你看來都「問題不大」，那麼你犯的錯在別人眼裡同樣如此。

2. 如果慷慨大度讓你不爽，不妨「自私」一點。

很多人從小就被教育要分享、要助人。但我希望你記住：分享是把自己多餘的分給別人，而不是把自己本就不夠的拱手送人。

很多人從小就有一種誤解：我對別人好點，別人就會對我好點。

但我想強調一句「廢話」：你對別人好點，只會讓別人好點。你對自己好點，自己才會好點。

3. 不要把自己放在一個被人評價、被人挑選的位置上。

追求誇獎，避免出錯，害怕指責……這些心態背後的本質都是：你把自己放在一個等待被挑選、被誇獎、被認可的位置上，你把評判自身價值的權利全都交到別人手上了。

所以要換一個心態，不是「滿足別人，才是好的、對的」，也不是「別人覺得好，才是好的、對的」，而是「我覺得好，它就是好的、對的」。

所以，少聽建議，多聽自己。所謂的「要聽話」，是聽自己的話。

4. 別擺架子，盡量以真面目示人。

很多人喜歡「擺架子」，因為學歷高、品味高、觀點獨特、能力強、有趣味、會賺錢，但問題是，「擺架子」的風險極大，它意味著你的人生不能出錯，不能變老變醜，不能失敗丟臉，不能比別人差，不能有明顯的槽點，否則，你內心的小人就會跳出來嘲笑自己：「大家快來看看這個一無是處的可憐蟲！」

世上最難卸的妝是「偽裝」，希望每個人都能夠讓靈魂素面朝天。不知道就說「不知道」，而不是胡謅；不同意就說「不行」，而不是「那好吧」；不願意就說「不想」，而不是「沒問題」。

5. 太敏感的人要盡量少反省。

首先，你又不會改；其次，你又改不了；再次，不改又沒什麼大不了的。

畢竟我們都是普通人，就算真的犯了錯，也不過是這個月多花了一些錢，那個東西買貴了，對親愛的某某亂發了脾氣，話說得難聽了一些，在某個場合丟了一下臉，沒關係的。

6.不要想著用貴重的物品來證明什麼。「好學生心態」的一大特點是自帶優越感，儘管畢業之後的生活不再有分數的排行榜，但有些人依然熱衷於尋找各種各樣的榜單，並渴望「榜上有名」。比如誰賺得多，誰的房子大，誰的車子好，誰的工作更體面，誰用的包包更高級，誰的飾品更貴重……

但我想提醒你的是，你駕馭得了，你的穿戴再普通也能給人低調優雅的感覺，但如果你的實力不夠，再貴的外物也撐不起來。

所以，不要關心別人吃了什麼、在做什麼、穿什麼、用什麼、去哪玩了，要把精力放在「晚上我要吃什麼，今天我要做什麼，出門我要穿什麼，忙完了我要去哪裡玩」。

不要把時間和精力浪費在無聊的比較上，要用一隻剛剛誕生不久的動物的眼光去看待這個有瀑布、海洋、星空、雪山的美麗星球，在這種視角下，你的生活就沒有「必須活成這樣，應該得到什麼」，只有許許多多的「想成為什麼，就可以成為什麼；想做什麼，就可以做什麼」。

7.沒必要維持「對你沒用，還讓你不爽」的關係。

不要取悅誰，不要委屈自己，不要被別人牽著鼻子走，不要表演，也不要迎合別人的表演，不要在消極的情緒裡自我拉扯，也不要在妄想中自我沉醉，更不要與自己處處為敵。

都是打過狂犬病疫苗的人，怕什麼？

8.不要什麼題目都想解決。

老闆大發雷霆，朋友傳了一篇莫名其妙的貼文，戀人跟死黨鬧翻了，親戚點評了你的薪水……這是他們的課題，不要全都背在自己身上，不要什麼問題都往自己身上扯，不要總是分析「我為什麼做不好」，不要總是猜測「是不是因為我」。

在意誰的看法，就會受誰的鉗制。

換個角度來說，想要知道誰在控制你的生活，就看你總是在怪誰。

9.要發自內心地相信自己。

所謂的「相信自己」，不是不知天高地厚地認為沒有誰比我更懂，沒有誰比我更行，而是相信自己的等級不差，相信自己的能力還行，相信自己的國籍、膚色、口音、身高、體重不是問題，相信自己的婚姻戀愛觀很正常，相信自己每一次的選擇都是合理的，無論與大多數人是否一致；相信自己對生活的反抗是值得的，哪怕揮出的拳頭砸向了空氣。

基於這份相信，你將自己全權託付給自己，做自己喜歡的事，說自己想說的話，愛自己心儀的人，去自己想去的地方。

請努力爭取，活成你自己心中的那個理想的大人。

02. 關於外界的聲音

不要對每件事都有反應

(1)

夏目漱石的《明暗》裡有一段很有意思的對白：

「夫人，您不知道的事情還有很多喔。」

「有，那又何妨？」

「不，老實說，您會想知道的事情還多著呢。」

「有，也無所謂。」

「您必須知道的事情還多著呢，您還是無所謂嗎？」

「是的，無所謂。」

生活就像是舉著相機拍照，你不能有點風吹草動就狂按快門，而是要把鏡頭瞄準真正在乎的人和事，用心地捕捉美好和精彩，如果沒拍好，那就再拍一次。

不要在乎與你無關的東西，不要操心你根本就左右不了的事情，不要糾結答案根本就不重要的問題，不要煩惱那些根本就不能把你怎麼樣的人。

做人要有正確的「三關」：關我什麼事，關你什麼事，關他什麼事。

怕就怕，別人的一個表情不對勁，你就開始抓狂：「我是不是做錯了什麼？我是不是惹對方生氣了？」

別人的一句評價，你就開始懷疑自己：「這麼做是不是真的不行？堅持是不是真的沒意義？」

別人的一個否定，你就想跳到別人面前去據理力爭：「你看這個，你看那個，你說的就是錯的。」

別人的一次成功，你就情不自禁地否定自己：「為什麼我這麼失敗？為什麼我這麼倒楣？」

更有甚者，別人在網路上提問，你就覺得自己必須絞盡腦汁地回答；別人在線上求助，你就覺得必須要搞清楚發生了什麼；別人在群組裡閒聊，你就覺得必須接他的話題；別人在你旁邊，你就覺得必須聊點什麼，以防冷場。

而沒完沒了的證明、解釋、打圓場會大量消耗一個人的能量。我想提醒你的是，這個世界太吵了。外界的聲音就像潮水甚至是洪水，如果你不設置安全距離，而是一頭栽進去，那麼你註定會被無力感和疲憊感淹沒。

所以我的建議是，不要理會別人的說三道四，不要偷窺別人的生活，不要揣測別人的想法，不要干涉別人的課題。

當你意識到對方並不重要，你就不會輕易被其激怒；當你明白那點事不值一提，你就不會自降身價地扯個沒完；當你知道那些資訊跟自己沒關係，你就不會浪費時間去一探究竟。

這個世界就是這樣，你忽略什麼，什麼就消失不見；你介意什麼，什麼就層出不窮。

(2)

很多人之所以活得累，是因為過度關注了不重要的事情。比如社交平臺那張合照上誰修圖修得更美，戀人手機裡那張好看的大頭貼到底是誰，好朋友心目中最好的朋友是不是自己，臉上的痘痘能不能在第二天消去，偶像的那則緋聞到底是不是真的，同事去的那個景點到底值不值得……

比如有人說了一個新銳導演的名字，你馬上整個網路去搜，從他的長相到作品，又從作品連結到演員，再從演員連結到八卦新聞，一個小時一下子就過去了。

比如有人談論一部熱門影集，你本來不怎麼感興趣，但貌似社交平臺裡也滑到過，於是你一集一集地追，甚至熬到下半夜也要跟上大家的步伐。

當你花太多的時間談論別人的身體、八卦別人的關係、批評別人的言行，就意味著你對自己的生活不夠專注。

而東張西望的後果是，容易慌，容易摔跤，容易睡不著覺。

那麼問題來了，為什麼你容易被不重要的人和事分心？

因為你的腦袋裡接二連三地冒出了很多想法，有時是一段傷心往事，有時是一段電影情節，有時是幾句牢騷的話，有時是迫切想知道自己剛發的貼文有哪些人按讚，有時是突然發現了某人可能喜歡自己的新證據……

因為你的人緣不錯，所以總是被人需要。同事請你代個班，朋友叫你聚個餐，閨密找你吐個槽，兄弟拉你聊個天，以及沒完沒了的訊息、電話和郵件。

因為社交網路太過發達，以致你的注意力被各類資訊炸得四分五裂。軟體會提醒你，網紅跳舞會吸引你，熱門的話題會迷惑你。一下是「小主你去哪裡了」，一下是「又出大事了」，它們總能弄出點動靜奪走你的注意力。

因為你的眼睛總是長在別人身上。A換工作了，B去旅行了，C換車了，D的成績超過你了，E說了你不愛聽的話，F好像談戀愛了，G有點針對你……

久而久之，你活得就像一個已經吃飽了的人，還在不停往嘴裡塞食物。

你在坐車、吃飯、等人、蹲馬桶的時候，不知不覺就被資訊奪走了大把的時間。一張圖片、一支影片、一段語音，透過網路「沖」進你的眼睛、耳朵和大腦裡，然後，你對從未見過的人恨之入骨，對從未做成的事引以為傲，對吹捧出來的神跪地就拜。

你的眼睛盯著熱熱鬧鬧但空空洞洞的熱門新聞，耳朵聽著跟自己毫不相干但相當刺耳的言論與評價，嘴巴練習著一下要討好某人的話，手指在不停地滑著不知道拿出來做什麼的手機，那腦子自然就會提醒你「記憶體不足」。

我們只有一個身體、一顆腦子，所以每天吃什麼、關注什麼尤為重要。吃什麼決定了身體健不健康，關注什麼決定了內心安不安寧。

所以我的建議是，關掉煩人的軟體通知，停止操心與你無關的事，少關注那些總變熱門但你實際上並不感興趣的話題、書籍、影劇、綜藝、遊戲……對於眾說紛紜的事要保持「無動於衷」，對於鋪天蓋地的訊息要嚴格把關，而不是被無用的資訊和無聊的事牽著鼻子走。否則你的注意力就會失控，你的精力會明顯不夠用。

後果是，你去過一個地方，但你記不住那裡有什麼；你吃了一頓大餐，但你不知道味道如何；你忙碌了一整天，但你沒有任何收穫；你想做更多的事情，但你有心無力。

什麼事都想知道，這其實是一種暴力，是自己對自己的暴力。

想要腦子不疲勞，一定要記住這四個原則：不為還沒有兌現的承諾提前開心，不為尚未發生的事情提前擔心，不為能力範圍以外的事情過度關心，不為主線任務以外的事情過分熱心。

(3)

在被媒體輪番攻擊之後，曼聯球星拉什福德說過這樣一段話：「我瞭解其中的規則，媒體並不是真的在報導我，他們不過是在書寫一個名叫『拉什福德』的角色。因此，他們不能只寫一個晚上出去消遣的二十六歲的小夥子，或者是一個收到了違規停車罰單的年輕人。他們必須寫我的車多少錢，要猜測我的週薪、我的首飾，甚至是評價我的紋身。他們必須寫我的肢體語言，質疑我的道德，編派我的家庭，以及我未來的足球生涯。」

作家莫言也講過一段趣事。有一次請人吃飯，眾人吃飽喝足之後，他發現還剩了好多，覺得浪費了可惜，於是他就使勁吃。結果有人說：「看看莫言，非把他那點錢吃回去不可。」

後來又有一次參加宴席，他故意吃得很慢，以為這樣就沒人說他了，結果又有人說：「看看莫言那個裝模作樣的勁，好像他只用門牙吃飯就能吃成賈寶玉似的。」

人活著就難免會遇到不公、誤解，會被批評、指責，以及無端揣測。遇到了，別回應，別解釋，別自責，別糾纏，要學會無視，要直接封鎖，要趁早遠離，要把寶貴的時間和精力用在做好眼前的事、過好眼前的生活、哄自己開心和努力賺錢上。

借亦舒的話說就是：「應付任何事的最佳辦法，便是裝作聽不見。對不起，我時運高，不聽鬼叫。」

遇到有人不理解、不認同、不尊重自己，那就問自己幾個問題：這是我的事，還是他的事？既然是我的事，那與他何干？我偏要這樣做，後果承擔得起嗎？既然承擔得起，那怕什麼？是我的感受重要，還是他的喜好重要？既然是我的感受重要，那違逆他又有什麼好擔心的？跟他爭辯，我能得到什麼？既然我什麼都得不到，那費那個力氣做什麼？

是的，只要你的內心沒有接受，那麼所有的惡意都將原路返回。

不要因為被人說了一句「你怎麼這麼沒用」，就喪失繼續做某件事的勇氣；不要因為別人的一句「你怎麼變胖了」，就在眾人面前羞愧難當；也不要因為別人說了一句「沒想到你竟然是這種人」，就又生氣又著急地跟人解釋個沒完。

你要明白，被不熟的人否定、打擊、嘲笑、誤會，是犯不著勞神費力地自證的，也用不著給出讓他們信服的解釋，反正他們會按照他們的想像，「幫」你把所謂的真相補齊。

每個人都覺得自己是對的，每個人都抱著「為了你好」的目的，但你要明白「我想要什麼」、「我覺得什麼是對的」、「我認為什麼才是好的」。你的態度越堅定，答案越清晰，你受到的影響就越小，你感受到的惡意和不爽也會越少。

比如說，你不喜歡就不喜歡啊，不要跟我講你那些覺得正確但對我是打擊的廢話，我不關心你怎麼看；關於你的一切，我不喜歡，我不願意，我不接受；如果你覺得不吐不快，那我只能跟你「拜了個拜」。

如此一來，你的生活會變得靜謐，你的精神會變得衛生，你的人際關係會變得順心。

成熟的標誌就是不爭辯，不解釋，不追問，你說「你會飛」，我就說「注意安全」。

希望每個人都能跟自己做五個約定：只要不是指名道姓地說我，那就不是說我；沒有通知我的事，一律裝作不知道；沒有邀請我的局，一律不打聽；只要沒直說，就當聽不懂；就算直說了，但我不愛聽，就當沒聽到。

(4)

別人只是一個簡單的小動作，你就投入巨大的精力去應對。結果是，你越來越像一隻貓，而周圍的風吹草動就像是逗貓棒。

注意力的失控，會讓你的命運被隨便發落，卻無須徵求你的同意。就像遊戲裡，敵人的小兵路過你的城牆，你馬上就全民皆兵。就像球場上，別人的垃圾話和小動作不斷，你瞬間就狀態全無。

那麼，怎麼拯救自己的注意力呢？你可以從這六個方面著手練習：

1. 不要養成跟人講道理的壞習慣。

有一句老話誤導了很多人，就是「有理走遍天下」，其實有理走不了天下，連你家大門都走不出去。所以，多做事，少講理，勤封鎖。

2. 放棄無意義的口舌之爭。

年輕時愛恨分明，凡事都喜歡爭個輸贏，比如我喜歡的明星比你喜歡的明星更優質，我喜歡的手機品牌比你喜歡的手機品牌更有格調，我喜歡的大學和科系比你喜歡的大學和科系更有前途，我老家的小吃比你老家的小吃正宗……

與其把時間浪費在這些無意義的爭論上，不如把時間留下來，用來玩，用來學，用來賺錢，用來開心。

3. 不要過度地攪動生活。

如果你覺得水渾，而且暫時沒辦法脫身，那你就勸自己先靜下來。比如提醒自己：身心健康是最重要的，維護關係是次要的，張三李四老王的碎碎念是完全不必在意的。然後，你的靈魂會慢慢澄清，一些渣滓會慢慢沉澱，一些痛苦會慢慢自癒，一些不爽會慢慢消失。

4. 養成不評價的好習慣。

不僅僅是嘴上不評價，甚至在心裡也不評價。就是「我沒有任何要評價你的意願，你想怎樣，你繼續，你隨便」。

5. 定期清理追蹤名單。

你的追蹤名單就是你在網路上的圈子。你選擇上進，還是選擇「躺平」，是打開見識，還是沉迷八卦，多多少少都會跟你的追蹤名單有關。

前天罵富人，昨天罵異性，今天罵社會，明天罵人性，後天罵命運……如果你的追蹤名單裡都是這種人，那麼你攝取的精神食糧自然也是垃圾食物。

6. 反覆提醒自己「我沒有什麼要證明的」。

你沒有義務成全別人對你的期望，別人也沒有義務成全你對別人的期待。所以不必求同，存異就夠了。

不要因為別人說了什麼就去自證什麼，他的結論只是在如實地說明「他是個什麼東西」，說明不了「你不是個東西」。

費盡心思地向一個笨蛋證明自己的時候，你實際上證明了世界上至少有兩個笨蛋。

你覺得他說得不對，那就讓他錯；他覺得你做得不對，那就讓他說。下雨的時候，你能做的就是，讓它下吧。

(5)

《管他的：愈在意愈不開心！停止被洗腦，活出瀟灑自在的快意人生》一書講了一個小故事，一個老人去超市買東西，發現存了好久的優惠券不能用了，於是大鬧了一場，把櫃檯的員工罵得狗血淋頭。

為什麼一張只能省幾塊錢的優惠券，卻能讓這個老人發這麼大的脾氣呢？因為在他單調的老年生活中，幾乎沒有比收集優惠券更值得關心的事情了。

類似的事情還頻繁地發生在情侶之間，父母與子女之間，明明只是一件小事，就能吵得天翻地覆或者大發雷霆。

為什麼呢？因為你把所有的關注、期盼、依賴全都放在對方身上了。所以，即便只是優惠券不能用了、醬油買錯了、作業忘了帶之類的小事情、小矛盾、小摩擦，都會被無限放大：「不得了，這件事不能這麼下去了，我得有所反應。」而對方只會覺得：「你有必要這麼小題大作嗎？」

所以說，做人一定要擁有一個凌駕於雞毛蒜皮之上的課題。這樣的你才能知道自己要什麼，去哪裡，該做什麼，該忍受或忽略什麼。

這樣的你就不用被一時的情緒牽絆，就不會被糟糕的人和事損耗，就不用在不同的意見之間顛沛流離，就不用因為人生的某段路「路況不好」就慌張地調整走向，就不用經年累月地受著「別人都那樣，為什麼你不那樣」的審判和脅迫。

這樣的你就可以在無關緊要的事情和關係中將自己調整為「省電模式」，就能分清什麼重要，什麼更重要，什麼最重要。

因為這樣的你很清楚，靈魂的每一格電量，都格外寶貴。

大象前行，怎可被螞蟻攔路？怕就怕，你是一隻小毛毛蟲。將軍有劍，豈會對蒼蠅動手？怕就怕，你天天拿著蒼蠅拍。

一個人再優秀，如果長期浸泡在一個聒噪的環境中，自然就會變得暗淡無光、神經兮兮、歇斯底里。而活得相對輕鬆的人，一定是把自己放在一個喜歡的環境裡，與更多積極正面的情緒為伍，完全不給那些消極的情緒或者糟糕的人機會，這才叫不彆扭。

不要總是盯著褲腿或者鞋面上的泥巴，不要整天糾結於沿路的坑坑窪窪，要靜下心去趕你的路。

事實上，不是所有的問題都要馬上給出答案，不是所有的障礙都要立刻除掉。很多麻煩或者糾結，你只需無視，然後繞過去，這是成本最低的解決辦法。

熟練地掌握敷衍的技巧，是可以讓一些不喜歡的人和事「快轉」的，比如：禮貌、熱情，一問三不知；感恩、謝謝，但是對不起；明白、瞭解，可是沒辦法；好的、知

道，下次一定；嗯嗯、哦哦，您說得都對。

03. 關於人生的意義

這世界，我是來玩的

(1)

我們都是被突然「扔」到這個世界的。沒有人問你願不願意，也沒有人告訴你這一生該怎麼過。

聖賢提醒你「既來之，則安之」，可沒有具體說「怎麼安」。你也經常寬慰自己「來都來了」，可依然不知道「來幹嘛」。

大多數人的一生就是：莫名其妙地出生，無可奈何地活著，不知所以然地死掉。

你偶爾也會思考活著的意義是什麼，但更多的時候，你找不到答案；就算有人告訴你人生這道題就該選C，你也會滿心疑慮：「對嗎？」

你唯一能記住的，似乎只是一些瞬間。比如，盛夏時節吃到的冰鎮西瓜，寒冬臘月嘗到的糖炒栗子，難過時聽到的勵志演講，生日時收到的用心禮物，某天傍晚緊張兮兮的告白，某個假期與某某的一同出遊，寒窗苦讀時的朗月，窮困潦倒時的窘迫，金榜題名時的激動，洞房花燭夜的浪漫，背井離鄉時的行囊，衣錦還鄉時的榮耀……似乎就是這些難忘的小片段，構築了我們漫長的一生。

其實呢，很多事情的意義就像藏在一堆石子裡的米粒，你花了大把時間才把它找出來，可是找到以後，你發現費這麼大力氣找到它，真是一點都不值。

所以，不要凡事都追求「有意義」。想吃什麼就吃點什麼，不用非得「等某天再說」或者「等某某一起」；想看什麼書就看什麼書，不用在乎這本書對考試、對工作、對人生有沒有幫助；想去玩劇本殺就揪人去玩，不用想著「這幾個小時做點別的事情是不是更有用」。

就用你喜歡的方式去「浪費」這一生。去體驗不同的事物，以便感受新奇或者無聊；去不同的地方，以便感受遼闊或者狹隘；去見識不同的人，以便感受心跳或者心碎，而不是像一張白紙，被折得整整齊齊，或者被保護得乾乾淨淨的。

生命不會顯示保鮮期，在離開這個世界的那一天，不會有一個巨大的「GAME OVER」打在你的臉上。

活著的意義大概就是：

盡可能多地讓自己擁有「活著真好」的瞬間，包括但不限於：吃第一口霜淇淋的快樂，聽一首歌的感動，和家人待在一起的安心。

盡可能多地讓自己的人生有「故事」，包括但不限於：努力的故事，出糗的故事，成功的故事，割捨的故事，鬥爭的故事。

盡可能地活得盡興且灑脫，包括但不限於：去愛你覺得可愛的，去聽你喜歡聽的，去看你愛看的，去吃你想吃的。

怕就怕，有的人一輩子活得像一頭原地打轉拉磨的驢子，天天就惦記著老了誰供自己養老，死了誰幫自己燒金紙，就好像這輩子只是預熱，真正的生活在墳墓裡。

(2)

有人傳了一個貼文：「假如可以選擇，你想在自己的墓碑上留一句什麼話？」

有的留言直接讓我笑出了鵝叫聲：

「可以上香，但別許願，我是鬼，不是菩薩。」

「被煩死的。」

「破地球，一顆星，負評，不推薦。」

「別看了，這裡什麼都沒有。我會在雪山上，在海邊，唯獨不會在這小土堆裡。」

「週末別來看我，我休假。」

「謝謝你有空來看我，我有空也會去看你的。」

「當你看清這行字的時候，意味著你已經踩到我了。」

讚數最高的是這一則：「這個人很懶，什麼都沒有留下。」

大多數人的一生似乎都是這樣：上學的第一天在為考大學做準備，談戀愛的第一天在為結婚做準備，工作的第一天在為退休做準備。但凡結果不如意，就會長吁短嘆。「唉，這麼多年的書都白讀了！」、「唉，白白在一個人身上浪費了大好的青春！」、「唉，工作了這麼多年有什麼用！」

因為結果不如意，就說過程沒意義。甚至到處宣揚：「吃泡麵和吃日本料理都一樣，吃完了，食物和味道就消失了。」、「戀愛和不戀愛都一樣，熱戀期一過，終究要分道揚鑣。」

不是這樣的。

並不是如願以償了才叫「得到」。事實上，但凡某個東西「滋養」過你，就已經算是得到了。

可口的食物滋養了你的身體，你就得到了這份食物；美麗的風景滋養了你的眼睛，你就得到了那片風景；某個人的出現滋養了你的生命，你就得到過這個人。

所以，放輕鬆一點，人生的意義是體驗，不是闖關。

(3)

有個女孩大半夜傳給我幾十則私訊，中心思想就兩個字：想死。

她說：「上學的時候為了考試，天天早出晚歸，累得想死，也擔心得要死。好不容易熬到畢業了，以為再也不用考試了，可是在成年人的世界裡，考試不僅更多了，而且更殘暴了。比如城市、職業、伴侶的選擇，比如買房、結婚、生育的時機，比如主管、伴侶的心思，比如跟家人、同事相處的技巧……這些破事就像是更高難度的選擇題、更複雜的是非題、更無解的閱讀測驗。看著身邊的朋友都交卷了，我連題目都讀不明白。」

她說：「有時候竟然會盼著來一場意外，好讓那誰看看，不是我要死的，是意外。」

她問我：「聽完有什麼感受？」

我回覆道：「目前的感受是，你不想活了，但你認為該死的另有其人。」

她回了我一串很長的「哈哈」，然後說：「我實在是沒辦法接受，我生活在一個有極光、有珊瑚礁、有沙灘、有瀑布的星球，可我只能天天去上那個破班。」

我說：「那你為什麼不出去晃晃呢？」

她理直氣壯地說：「我走不開，我要上班，我哪有時間玩？」

我說：「假期呢？週末呢？下班之後呢？吃完飯之後呢？睡覺之前呢？你總會有空閒的時間。我的意思是，你不可能不做任何改變，就過上如意的人生。」

她沒有接我的話，而是問了我一個問題：「老楊啊，你說人生的意義是什麼？」

我回：「人生的意義是體驗。而體驗又依賴於你的認知、野心、勇氣、執行力。認知解決『知不知道』的問題，野心解決『想不想要』的問題，勇氣解決『敢不敢』的問題，執行力解決『做不做』的問題。」

我的意思是，你應當把精力放在「我該怎麼讓自己開心，我該怎麼滿足我的好奇，我該怎麼為自己製造驚喜，還有哪些事情能夠讓我歡欣雀躍」上，而不是勞神費力地、像考生那樣活在世俗的標準答案裡。

不要身心俱疲地去過你應該過的人生，要不遺餘力地去過你想過的人生。人生中很重要的一件事就是，要把自己從「別人希望我成為的樣子」，逐漸變成「我想活成的樣子」。

都說人生就是一場遊戲，你要瞭解正在玩的這場遊戲。

有些人感覺「遊戲失敗」的根源有兩點：一是在不理解遊戲規則的情況下玩，二是遊戲的獎品根本就不是他們真正想要的。

所以，在開始遊戲之前，請務必問問自己：我知道我正在玩的是什麼遊戲嗎？我瞭解遊戲的規則嗎？這個遊戲的獎品是我想要的嗎？

如果回答都是「是」，那就全心投入進去。如果不是，請暫停並重新評估。

關於人生的這場遊戲，我的建議是：不要失去發芽的心情。試著去愛一個人，而不是去恨；試著去賺好多錢，而不是任由自己活在社會的最底層；試著朝想要的生活努力，而不是委屈自己活在討厭的地方。

不要因為怕失敗就放棄嘗試。管它行不行，先試試看。成了，你獲得了成功的人生體驗；不成，你獲得了失敗的人生體驗。對人生來說，都是穩賺不賠的買賣。

不用擔心別人怎麼看你。

你活著的時候，沒有幾個人在看你；你死了之後，也不會有幾個人記得你。如果你知道人們忘記一個死者的速度有多快，你就不會去為了想給人留下深刻的印象而活著了。

不要聽別人說，要冒一點險，沒有什麼經驗智慧能夠替代親身體驗。不要模仿別人，要活成你自己，你既是你人生的讀者，也是你故事的作者。

去過某景點的人對你說「那裡糟糕透了」，工作過的人對你說「職場裡都是煩人精」，談過戀愛的人對你說「談戀愛的都有毛病」，結過婚的人對你說「千萬別結婚」，過得不好的人對你說「人生來就是受苦受難的」……如果你統統都信，那你對生活就會好感全無。

我的意思是，山的後面是什麼，你要親自去一趟才知道。去的過程中，你會解鎖新技能，會經過新地方，會遇到新朋友，會見識新事物，會有全新的體驗，然後你會驚奇地發現「哦，原來如此」、「哇，竟然可以這樣」、「天哪，我第一次看到」……

我的意思是，「前途未卜」和「往前走」不衝突，「生活很難」和「過好每一天」也不衝突。

希望你要去的地方是你想去的地方，而不是別人希望你去的地方；希望你的力量是來自你的內心，而不是他人的認同和讚揚。

(4)

前兩年有個特別溫暖的影片叫《從五歲九十歲的人生難題》。影片採訪了五歲到九十歲不同年齡階段的人，每個人說出自己當前人生的難題，並回應上一個人的難題。

五歲的小男孩一邊吃著零食一邊說：「能不能不去上學呀？」

十歲的小孩接話說：「現在我都這麼大了，還要上學。所以應該沒有辦法了，就是要上學一輩子。」

十歲孩子的難題是，以後上清華大學還是上北京大學，哪個好呀？

十五歲的小女孩被逗笑了，她說：「你先考上國中再說吧。」

十五歲女孩的難題是，她喜歡班上的一個男生，但男生好像不喜歡她。

二十五歲的女孩想買房給爸媽，卻存不了錢，疑惑三十多歲的人是怎麼做到的。

三十歲的人笑著說自己也沒錢，應該問四十歲的人。

三十歲的人說他很迷茫，感覺進入了「瓶頸期」。

代表四十歲出鏡的是一位演員，他打趣道：「不要緊，堅持就是勝利，突破了這個瓶頸，還有更大的瓶頸。」

四十歲的演員說他工作了好多年，想知道自己什麼時候能退休。

五十歲的人的難題是，想讓北漂了好幾年的孩子回家。

六十歲的人勸他：「你就讓他去吧，發展得好就讓他在那邊混，混不好自然就回來了。」

六十歲的人的難題是，感覺身體已經跟不上了，七十歲了可怎麼辦？

七十歲的人笑呵呵地說：「到時候把你孫子叫過來，你帶他，以後孩子長壯了，你身體也就好了。」

七十歲的人的難題是：「高血壓，菜裡少油少鹽少糖的，不好吃。」

八十歲的人接話說：「那你來我這裡吃，我也血壓高。」

八十歲的人的難題是，有個幾十年的朋友在醫院裡，待好幾年了，現在就靠灌食到胃裡活著，快到盡頭了。

九十歲的人寬慰道：「到公園晃一晃，全是我們老朋友，一起聊聊天，侃侃過去，也就舒暢了。」

九十歲的人的難題是，我老伴三年前去世了，我依然很想念她。

最後出鏡的是最開始的那個五歲的小男孩，他聽了九十歲老人的話之後，說道：「老爺爺，您別難過，老奶奶只是睡著了。您以後碰見她，親她一下，她就醒了。」

你看，每個年紀都有每個年紀的煩惱，從功名利祿到生老病死，每個困境都像是一座山壓在當時的自己的肩膀上。沒有誰能真的不惑，即便是九十歲的人也仍然有解不開的死別。

人生就是這麼不可理喻，正確答案永遠模糊，往哪個方向走似乎都會陷入泥沼。但是，當有一天，你回過頭，看看曾經被你塗抹得亂七八糟的人生考卷，你也許會慶幸自己終於從那個「擔心一輩子都要上學」的小屁孩，磕磕絆絆地長成能夠樂呵呵地講出

「突破了這個瓶頸，還有更大的瓶頸」的大人，也終於可以拍著胸脯說：「感謝生活反覆捶打，讓我肉質勁道Q彈。」

做人哪，要把自己當作是來這人間走一回的神靈，每一次深陷痛苦、焦慮、猶豫、為難時，你就提醒自己：哇，原來人間的痛苦是這個樣子呀，這可是本仙沒有想到的，嗯，很深刻，很新鮮，有學到。

怕就怕，你的一生被年齡、身分、標籤、未來、父母、子女、意義之類的東西塞得滿滿的，以至於你忽略了最值得珍惜的感覺、心動、體驗、喜悅。結果是，你什麼都吃過，卻不知道味道；你哪裡都去過，卻沒什麼印象；你知道很多事情，卻依然腦袋空空或者人云亦云。

怕就怕，你不渴望活出自我，卻渴望被人記著。你滿世界嚷嚷說「沒意思」，其實也只是假裝抗議一下，好對自己的良心有個交代，好替「以後繼續沒意思地活著」找個心安理得的理由。

(5)

有個老人家，出版了一本書，名叫《活著活著就一百歲了》。

書裡有個片段，說當年作者跟一個九十多歲的老教授散步，老教授突然問作者：「金教授今年多少歲呀？」

作者回答說七十六歲了。

老教授沉默了一陣，然後羨慕地感嘆道：「真是黃金年紀啊！」

「七十六歲」在很多人眼裡已經是「老得不得了」，可是在九十多歲的人眼裡是「黃金年紀」。

有個媽媽，開車帶兩個孩子去遊樂園玩。

一個孩子每隔五分鐘就問一次：「到了沒有？到了沒有？到了沒有？」結果，孩子越來越急，媽媽也越來越煩。

另一個孩子則是看向窗外，數一數經過的車，找一找天上的鳥，看一看路邊的樹，時不時還哼唱車裡播放的音樂。

同樣是去遊樂園玩，同樣是坐媽媽的車，同樣是一個半小時的車程，卻是兩種完全不同的感受。

我的意思是，值得做的，都值得做好；值得去的，都值得開開心心地去。時機沒

到，不強求；時機到了，不辜負。

與其總是遺憾過去或者憂慮未來，不如認真地活在當下。去享受，去玩耍，去旅行，去賺錢，去努力，去愛，去為喜歡的一切全力以赴。

就像尼采在《查拉圖斯特拉如是說》裡寫的那樣：「高高興興去戰鬥，去赴宴，不做憂鬱的人，不做空想的人，準備應付至難之事，就像去赴宴一樣，要健康而完好。」

關於活著，再提七個醒：

1. 時間是生命的貨幣，金錢不是。

不要再拿沒錢當「懶得出門、懶得打扮、懶得計畫假期」的理由，也不要再用年齡當「我不行、我不敢、我不好意思」的藉口。在任何年齡，你都可以尋找美食、創業、爬山、寫作、開始新戀情。

2. 享受人生的時候不要有愧疚感。

吃喝玩樂不等於虛度光陰，吃苦耐勞也不等於意義非凡。不要把玩樂當成浪費生命，不要把消遣當成玩物喪志，只要是你喜歡也負擔得起，那就統統都歸類為「享受人生」。

3.凡事要趁早，不要把想做的事都安排在退休以後。

人一旦老了，味覺就不行了，無論多麼豐盛的美食，都味同嚼蠟；視力也不行了，即便是風景如畫，也遠不如年輕時看到的震撼；汗腺也逐漸在失靈，所以很容易引起中風和中暑；體力也不行了，行動緩慢而又沉重，彷彿身體有千斤重。

4.遇事常念這三句話。

「一切都會過去。」當你失意時，可以用這句話鼓勵自己；當你得意時，也可以用這句話警醒自己。

「我們是會死的。」就像拖延症患者常常用「截止日」來提醒自己抓緊時間一樣。死亡就是每個人的截止日，因為死亡必將到來，所以更要好好活著。

「反正又死不了。」無論多大的挫折，你只需記住「反正又死不了」。如果這句不管用，那就再補一句——「死了正好」。

5.照顧好自己的身體和靈魂。

良好的睡眠、美味的食物、健康的身體、同頻共振的人際關係，以及一些有趣的愛好，這些可以大幅提升你在這個星球上的體驗感，讓你對這個煩人的世界稍微多一點好感。

6. 這個世界我們只來一次。

至於那個人喜不喜歡自己，那個東西屬不屬於自己，那個位置有沒有自己，這些都不是最重要的。最重要的是，自己還活著，最近還滿開心。是的，沒有出息沒關係，只要還有氣息，就很了不起。

7. 真實地活著。

一旦你選擇了真實，你就不需要防禦和偽裝，你就不用一直偽裝著、提防著。你就沒有「我一定要證明自己」的焦灼，也不存在「我一定要比你優越」的傲慢，而是將更多的注意力放在「我喜歡什麼」和「我想要什麼」上。

既然死亡不可避免，既然被遺忘是早晚的事，那麼關於「人生的意義」其實可以換一個問題：你要如何浪費這一生？

我的建議是，浪漫化你的生活，寵壞你自己，抓住每一個機會創造甜蜜和驚喜。單身就狂歡，戀愛就勇敢，覺得被生活所困就去撞南牆，覺得熱血未涼就去奔山海。

最後，讀一首詩人焦野綠的詩吧：

「計畫表是空白的，但我的一天是滿滿的，我要發呆，靜坐，咀嚼，散步，看天，把所有沒有意義的事，鄭重其事做一遍，因為這世界，我是來玩的。」

04. 關於原生家庭

家人仍然是他人

(1)

有的家庭就像精神病院。

一方面希望孩子保持天真爛漫，另一方面又想孩子深諳人情世故。

一方面要求孩子正直如海瑞，另一方面又要求孩子奸猾如秦檜。

一方面希望孩子有出息，另一方面又打擊孩子的自信。一方面要求孩子要乖，另一方面又指責孩子膽小。

一方面要求孩子尊重他人，另一方面又不尊重孩子。

一方面希望孩子強勢不懦弱，另一方面卻在孩子面前橫行霸道。

一方面教育孩子誠實，另一方面卻在外人面前假裝自己是個和藹可親、善解人意的大好人。

難怪有人哀嘆：「幸福就像是一種遺傳基因，父母沒有的，也不可能遺傳給孩子，

一代又一代，不知道猴年馬月才能出現基因突變，進化成幸福的人類。」

(2)

聽過一段讓人窒息的對話：

媽媽：「請你吃好吃的，你想吃什麼？」

女兒：「我想吃蝦子。」

媽媽：「不行，蝦子太貴了。」

女兒：「那漢堡。」

媽媽：「不行，漢堡不健康。」

女兒的熱情瞬間沒了，陷入沉默之中。

媽媽：「你可以吃烤魚、串燒、火鍋、熱炒，都可以。」

女兒還是沉默。

媽媽提高了音量：「你到底想吃什麼，你倒是說呀！」

女兒：「我想吃漢堡。」

媽媽：「我都說了，那是垃圾食物。」

女兒撇了撇嘴：「那我沒什麼想吃的了。」

媽媽降了降音量：「我們去吃熱炒吧，到時候你看你想吃什麼，隨便你點。」

女兒：「不想吃。」

媽媽瞬間炸了：「不想吃？那你吃什麼？你到底要吃什麼？你說呀，你不說我怎麼知道你想吃什麼。你怎麼這麼煩呢？我對你還不夠好嗎？我一整天都繞著你轉，你還想怎樣？」

有的父母之所以如此糟糕，不是因為第一次當父母缺乏經驗，而是因為第一次品嘗到了權力的滋味。

因為你是他們生的養的，所以「你有什麼資格不滿，你有什麼資格不感恩」。在他們看來，你臉色不好就是「鬧脾氣」，你解釋兩句就是「頂嘴」，你不說話就是「賭氣」。而他們辱罵你、嫌棄你、打擊你、否定你，都是因為「愛你」，都是「為你好」。

他們就像行走的正義。你必須聽他們的，大事小情都得他們說了才算；你必須向他們袒露一切，任何的行動都得提前征得他們的許可。

你拒絕，他們會說你「不知好歹」；你反抗，他們會指責你「沒有良心」。

你更像是他們的臣子，而不是孩子。

不管是物質層面，還是情感層面，但凡你說了「我需要」，他們就會擺出一副「施恩」的樣子。

你問他們簡單的事情，他們會不耐煩地說：「豬都會了，你還教不會。」

你在陌生人面前很緊張，他們會輕蔑地說：「這有什麼好緊張的，你這樣長大了也是個廢物。」

你上學期間談戀愛，他們會恐嚇你：「我們千辛萬苦讓你去上學，你對得起我們嗎？」

你畢業了不想談戀愛，他們會抨擊你：「讀書把腦子都讀壞了吧，不結婚，你對得起我們嗎？」

於是，你在「吃光你碗裡的東西」和「你需要減肥」這樣的夾擊下變得逆來順受，在「你才幾歲」和「你都多大了」這樣的雙標下變得易燃易爆。

糟糕的家庭最典型的特徵是，家庭成員之間理解與表達雙向困難，既聽不進對方說了什麼，也講不清楚自己要表達什麼，日常交流的形式就是不耐煩，就是吼，就是生氣，就是翻白眼，就是綁架和控制，就是諷刺和挖苦，一點小事就鬧得雞犬不寧。

久而久之，可愛的櫻桃小丸子長大了，變成了「櫻桃小完犢子」（東北方言，形容事沒做好，人很無能）；萌萌的天線寶寶長大了，變成了「天線短路寶寶」。

(3)

為什麼有那麼多孩子得憂鬱症？高機率是因為有一個糟糕的家庭。

假如你是個孩子。

寫了五堂課的作業，終於在晚上十點寫完了。你鬆了一口氣，以為能踏實睡覺了。

這時候，你爸回家了，你媽對著你爸喊：「還知道要回來？我以為你死在外面了！」你爸叫你媽「閉嘴」，你媽把音量提高了三檔，罵得更難聽了。你悄悄把門關上，怕戰火燒到你的房間。

可越怕什麼，就越來什麼。你媽破門而入，衝著你吼：「怎麼還不睡覺？都幾點了？」

你說：「馬上就睡。」

你媽厲聲問：「作業都寫完了嗎？」

你說：「寫完了。」

你媽又問：「這次期中考，數學考了多少分？」

你說：「我這次的總分，全班排名進前十名了。」

你媽並不在乎這個，她又問了一遍：「我問你數學考了多少分？」

你小聲說：「九十二。」

不出意外，你媽瞬間就爆炸了，她抓起桌子上的書朝你扔去：「報名了那麼貴的補習班，還是考九十分！你知道補習班一堂課多少錢嗎，快抵我一個星期的薪水了，你對得起我嗎？我和你爸辛苦賺錢供你上學，你就考這樣！你能不能用心點？」

你覺得很奇怪，準確說是不服氣。因為自己明明進步了很多，可在父母眼裡還是很糟糕。

你本來打算頂嘴的，可罵你的媽媽突然哭了，她說：「你要是好好讀書，我和你爸也不會天天吵架。你爸也不用天天這麼晚回家。你怎麼這麼不懂事呢！」

你動搖了，難道父母過得這麼痛苦都是我的原因嗎？

這時候，你爸進來了，說：「你要聽你媽的話，別總是惹你媽生氣。數學念不好，肯定是努力還不夠，你上數學課是不是在做別的事情？」

你猛搖頭，說你數學一直都不好，這次進步滿多的，說這次考卷滿難，超過九十分的沒有幾個。

你爸叫你不要說謊，你媽也開口了：「對，就是努力不夠，你爸說得太對了。」

一瞬間，委屈灌滿了你的整個身體，就好像全世界都在與你為敵。是不是覺得，瘋了很正常？

再來，假如你是一個大人。

你在公司裡忙了一整天，被老闆訓過，跟一個合不來的同事吵過，還被一個嘴碎的人冤枉過，你一整天都處在崩潰的邊緣，最後拖著疲憊的身子回到家。

推開門，你看見年邁的父母準備好了晚飯，可是你實在沒有胃口，就淡淡地說了一句：「我不想吃，你們吃吧。」

老父親說：「多少吃一口吧。」

你解釋說：「太累了，實在是沒胃口。」

老母親說：「你看我給你準備了一桌菜，一直等到現在，你多少都來吃一口。」

你一開始是委屈，覺得他們不理解你的辛苦，然後是覺得煩，所以直接回了房間。

然後兩位老人就來敲門了：「出來吃飯，你怎麼回事呀？你吃個飯再去休息不行嗎？」

你沒有回應，他們就嘗試開門，發現你把門給鎖了。於是怨氣又提高了一檔，打擊面也寬了很多，從你的「個性不好」擴大到你的「薪水少」，從「你那工作沒什麼面子」擴大到「你不如誰誰有前途」……

說著說著，老母親開始哭，說養了你這麼多年不容易，說你現在翅膀硬了，不聽話了，跟父母吃頓飯都不願意了，一點都不孝順……

你想吼，可又覺得他們確實是老人家；你想哭，可又覺得沒必要哭給他們看。是不是覺得，憂鬱了很正常？

再來，假如你已經退休了。

住在很好的養老院裡，看護的服務很好，吃喝也很好，還有專人陪你散步、聊天。但是，養老院裡有一張自稱「科學」的作息表，規定幾點必須睡覺，幾點必須起床，幾點必須吃飯，幾點必須上廁所。

如果晚上九點睡不著，不好意思，你得閉上眼睛躺下；如果傍晚想趁著天涼去散步，抱歉，早上才能散步，下午沒有這一項；如果下午四點沒有去上廁所，那麼不好意思，晚上八點才能再去。

你從來沒有被人這麼管過，你覺得自己不是人，更像是家禽。是不是覺得，想逃跑很正常？

把一顆種子放在雪地裡，放在沙漠裡，放在戈壁灘上，放在壓力鍋裡，它能發芽嗎？如果不能，那我們能說這顆種子沒用嗎？

好的家庭教育是一根槓桿，可以讓子女借力，撬動一些更好的東西，比如樂觀，比如興趣，比如信任，比如野心，比如夢想。

結果是，子女在成長的過程中，不斷練習和適應，逐漸成為一個更好的人。壞的教育則是一根扁擔，只會壓垮人，在日復一日的辛苦和內耗裡，逼著子女承認自己的無能和無知。

後果是，父親不快樂，母親很辛苦，養出的孩子又是個內心八面漏風的人，一家人就像是各自人生的難民。

有的父母，嘴上說是為了孩子好，其實是為了自己好。有了孩子，他們脆弱不堪的婚姻才能得以維繫，他們渾渾噩噩的人生才能有點目標，他們躁動的繁衍欲望才能得到釋放，他們不能自理的老年才能有所依靠，他們幾個億的財產才不至於被外人瓜分（如果有的話）。

還有的父母，對別人家孩子比對自己家孩子要客氣得多，也要優雅得多。他們絕不會打斷別的小孩講話，也不會跟別的小孩抱怨「這個故事你要我講多少遍」，更不會未經允許就推開別人的房門或者窺探別人的隱私。只有對自己的孩子，他們才會因為一點小小的過失就暴跳如雷，因為一點小小的不滿意就大動肝火。

結果是，孩子都快要窒息了，這些做父母的，一邊喊著「撐住」，一邊求醫生快點上呼吸器，可就是不鬆開套在孩子脖子上的麻繩。

所以，希望為人父母的都能好好想一想這兩個問題：第一，為什麼你的孩子不想回家過年？

參考答案：因為你三句離不開錢，四句離不開結婚，五句談節約，六句要人懂事，七句是「把你養大不容易」，八句是「你看看人家」，九句是「你要爭氣」。

第二，什麼樣的孩子最難在當今的社會上立足？

參考答案：老老實實，有父母管，卻沒父母愛；沒有家底，卻有家教。

為人父母，應該是引領子女遊覽這個世界的嚮導，是和子女同行一段路的遊客，不是奴隸主，也不是判官。

孩子摔倒了，要去抱抱他，吹吹他的手，而不是斥責他：「跟你說了不要跑，摔了活該。」

孩子受挫了，要帶他出去轉轉，聽他抱怨，而不是教育他：「你看看別人家孩子，你還好意思哭。」

如果孩子小時候的每一次考試之後，父母可以往「沒關係，你盡力了就好」的方向引導，那麼長大後的孩子就不會那麼在意一時的輸贏，在感情裡就會多一些理智，少一點執拗。

如果父母在孩子還小的時候，能耐心傾聽孩子說的小事，那麼孩子長大了，就會把「大事」都告訴父母。因為在孩子眼裡，那些所謂的小事，從一開始就是大事。

養育孩子就像開盲盒，誰都無法預知會遇到什麼問題，更不可能像蓋房子那樣先畫圖紙再按圖紙去施工。

所以，做家長的要時時提醒自己：親子關係比考試排名重要，身教比言傳重要，過好當下比焦慮未來重要，自我成長比逼孩子努力重要。

為人父母，不要把人生的意義全都寄託在孩子身上，要更多地關照自己。從來不是「你若安好，便是晴天」，而是「我若安好，便是晴天」。

(4)

和一個一九九八年的女孩聊天，她說她有好幾年沒回家了。我問：「那你一定很想家吧？」

她想了一下說：「其實沒有那麼想。」

她給我看了幾張他們家人的合照，每張照片裡，她都是板著臉，沒有半點笑容。

她說她的父母都是控制狂，對她輕則說教，重則打罵。所以她在那個家裡總是畏畏縮縮的，即便是獨生女，也依然覺得沒有她的容身之地。

她說前些年試圖跟父母緩和關係。在外面吃到好吃的，看到好玩的，就會跟父母分享，可父母的回覆總是陰陽怪氣的：「是啊，你是享福了，你媽媽天天在這個鬼地方吃苦。」、「爸爸這輩子都沒吃過這麼好的東西，你倒是滿捨得的啊。」、「我跟你爸爸一天到晚緊張兮兮地捨不得穿，捨不得花，你倒是玩得滿開心的。」、「我最近都要累死了，你還傳這些來氣我。」

唉，有的父母天生就具備一種「魔力」：孩子跟他們傾訴煩惱，煩惱會加倍；跟他們分享快樂，快樂會消失。

心理學上有個概念叫「愧疚誘導」，意思是，他們透過訴苦、抱怨、自虐、煽情等方式，讓你感到愧疚，從而達到讓你服從的目的。

很多父母正是將這種「情感操縱」當成了育兒技巧，甚至運用得爐火純青，比如說：「我辛辛苦苦工作都是為了你能上個好學校，你還好意思看電視？」、「如果不是因為你，我早就離婚了。」、「為了你，知道我吃了多少苦嗎？」

久而久之，孩子就會得出非常荒謬的結論：「父母過得不好，都是因為我，要是沒有我就好了。」、「父母那麼辛苦，我也沒資格享福，不然就是對不起父母。」被愧疚感裹挾的孩子，長期生活在壓抑之中，不敢做出不符合父母期望的事，總是隱藏自己真正的感受，甚至發展成討好型人格，習慣性地在順從和討好別人的夾縫中生存。

想給原生家庭沒那麼幸福的人提六個醒：

1. 你人生的方向盤一直在你手上。對於漫長的人生來說，父母只是坐在副駕駛的人，他們可能在中途妨礙你，讓你猶疑、煩躁，但自始至終，方向盤在你手上，你要憑藉自己的能力開到你想去的地方。

當你習慣把問題歸咎於童年陰影的時候，童年陰影看起來是「讓你掙脫不掉，讓你性格糟糕，讓你不幸福」的巨大障礙，但同時也成了「你不改變，你任由自己繼續糟糕，你允許自己不幸福」的舒適區。

2. 不要抱著「是我連累了我爸媽」、「是因為我，父母才那麼辛苦的」之類的想法。事實上，絕大多數人都是普通人，結不結婚，生不生小孩，都會很辛苦。

3. 要把父母當人看。他們有可能教養不好，有可能侵略性很強，有可能不會說話；他們會餓，會不耐煩，會懶惰，會貪婪。不要總覺得「父母就應該無私和偉大」，他們只是普通人。

4. 不要盼著父母會承認他們對你造成過傷害。

不要試著糾正父母，不要跟父母講道理，也不要把這篇文章傳給他們看，他們看了很可能會說：「哦，所以你是在說我對你不好，你是在說我管太多了？那我以後不管你了，一個字都不說，行了吧？」

5. 要自己爭氣，而不是凡事都跟父母對著幹。

很多文章都在教我們如何對抗原生家庭，教你如何強勢，但是你發現沒有，他們教你對抗的只是你能得罪得起的，因為你已經長大了，而父母已經老了，此時去「收拾」親爸親媽最容易了，反正欺負他們，他們也不能把你怎麼樣。結果是，你並沒有真正變強大，只是學會了「在家一條龍」。

6. 永遠不要去討好不認可你的人，包括家人，尤其是家人。

你無須對任何除你之外的成年人負責，如果他要因此感到失望，那就讓他失望。你只需對自己負責，包括如何支配金錢，如何度過假期，跟什麼樣的人玩耍，過什麼樣的人生……

對於父母，你可以尊重或者表達感激，你可以將他們提供的觀點和意見設定為「僅供參考」的等級。

祝你的父母通情達理，如果不是，祝你學會課題分離。

你的命運不要讓別人做主，即便是家人，也仍然是他人。對自己的命運，你要牢記兩點：最終解釋權歸主辦方所有，懶得解釋權也歸主辦方所有。

05. 關於命運的法則

人生就是一場漫長的自我預言

(1)

有這樣一個揪心的故事。有個女人，第一段婚姻被丈夫家暴，離婚了；第二段婚姻又被丈夫家暴，又離婚了；第三次遇到了一個脾氣極好的男人，可還是被家暴了。

女人眉頭緊鎖著說：「我實在搞不懂，為什麼婚前那麼溫柔的男人在婚後有這麼大的變化，還動手打我。」

但她的第三任丈夫講了另一個版本：「我和她的感情一直很好，我的脾氣也一直很好。但結婚以後，我們只要發生一點爭吵，她就會很激動地對我喊『有種你打我啊，你是不是想要打我？那你打我啊，你打啊』。在她無數次的挑釁之後，我腦子突然一片空白，真的伸手打她了。」

後來對這個女人的過往經歷進行了深掘才知道，這個女人從小就看到自己的母親被父親毆打，所以她總認為自己難逃母親那樣的悲慘命運，總覺得「男人沒有一個好東西」、「男人都是會打老婆的」。

於是，在這幾段婚姻裡，她不斷地試探、求證，甚至是刺激，以至於脾氣最好的那任丈夫也「如她所願」地變成了一個「打老婆的男人」。

驚人的命運法則是：你關注什麼，就會吸引什麼；你相信什麼，就會發生什麼。人生就是一場漫長的自我預言。

比如說，你自認「不是讀書的料」，那即使你有時間，你也不會用來學習。因為你覺得「讀了也不會懂」，那你的考試註定是一塌糊塗的，所以你更堅信「我果然不是讀書的料」。

你對某某的印象不好，你就會發現他渾身上下都是缺點，你會越看越不順眼，然後你們會因為一丁點的小事就大鬧一場，於是你更加相信「他果然不是什麼好人」。

你覺得自己的孩子讀書不行，斷定他沒出息，於是你對他不斷地貶低、打擊，在你的反覆敲打之下，他的成績註定會越來越差，最終拜你所賜，他真的變成了一個學渣。

又比如說，你質疑成功者，認為別人成功背後都有潛規則，覺得「他升職加薪，肯定是因為跟老闆有什麼關係」，「我之所以沒搞成，肯定是因為紅包給少了」，那麼你絕不可能憑藉實力出人頭地。

你否定努力，認為「這個社會早就不是憑本事吃飯了，再拚命也沒用」，「普通人是不可能出人頭地的」，那麼你就不可能靠努力改變命運。

你不相信人生有更多的「可能性」，你覺得「好機會不可能輪得到我這種人」、「沒學歷、沒背景、沒人脈，這輩子也就這樣了」，那麼無論你說的是不是事實，它都會成為事實。

這就是心理學上的「自證預言」，簡單說就是：人會不自覺地按自己內心的期望來行事，直到預言發生。

比如說，你喜歡某個人時，你就會在他身上看到越來越多的「可愛」，甚至就連別人覺得「很普通」的特點都被你視為可愛。

而當你堅信「他是個壞蛋」時，你就會有意尋找「他是壞蛋」的證據，甚至採取行動來「幫」他變成壞蛋，最後他真的變成壞蛋了，你還要炫耀一句：「看，被我說中了吧，他果然就是壞蛋！」

又比如談戀愛。你真想和某個人在一起，你就要堅信「我們會白頭偕老，我們會長長久久」，抱著「任何問題都難不住我們，任何阻礙都拆不散我們」的堅定，而不是動不動就在心裡懷疑「要不算了吧」、「萬一分了呢」、「好像不適合」。

一旦你覺得「我們不適合」，那麼你就會發現你們之間有更多的不合適。一旦你相信「我們是天造地設的良緣」，那麼你就會覺得相處過程中的小磕小碰都「問題不大」。

人類的注意力就像一根管道，能夠接通世間萬物。你把管道接在什麼東西上，你就能得到什麼。你專注於幸福，就得到幸福；你專注於悲傷，就得到悲傷。

(2)

有個女生寫信給三毛：「我今年二十九歲，未婚，是一家報關行最低層的行政人員。常常在我下班以後，回到租來的斗室裡，面對物質和精神都相當貧乏的人生，覺得活著的價值，十分……對不起，我黯淡的心情，無法用文字來表達。我很自卑，請你告訴我，生命最終的目的何在？以我如此卑微的人（我的容貌太平凡了），工作能力也有限，說不出有什麼特別的興趣，也從來沒有異性對我感興趣。我真羨慕你，恨不得能夠活得像你，可惜我不能，請你多寫書給我看，豐富我的生命，不然，真不知活著還有什麼快樂。」

三毛回了一封很長的信給她，開頭部分是這樣寫的：「不快樂的女孩，從你短短的自我介紹中，看來十分驚心，二十九歲正當年輕，居然一連串地用了——最低層、貧乏、黯淡、自卑、平凡、卑微、能力有限這許多不正確的定義來形容自己。」

實際上，你對自己的每一次形容、介紹、展示，都是一次心理暗示。你怎樣說自己，你就會怎樣看自己，你就會放大別人的態度，找到自己不好的「確鑿證據」。

所以我的建議是，不要用負面的、苛責的、否定的詞彙來形容自己，要多用積極的、寬容的、鼓勵的詞彙來給自己積極的暗示。不要說「哎呀，煩死了」、「哎呀，我累死了」、「唉，我長得好醜」、「我怎麼這麼蠢呢」、「我完了」、「我好窮」、「我怎麼總是這麼倒楣」，也不要逢人就講自己的苦與難，這不僅不會得到幫助或關心，甚至還會讓你很難走出來。

要多說「我滿好的」、「沒關係」、「問題不大」、「試試看」、「一切都會好起來的」。經常說「沒關係」的人精神往往更放鬆，經常說「試試看」的人往往更容易成功，因為語言是有力量的，這種力量會從你的嘴裡傳到你的心裡。

生命中的一切都並非偶然，掛在嘴上的人生，也許就是你的一生。

對自己的能力有所懷疑，對未來的不確定性有所擔心的時候，人就會給自己消極的暗示：「我肯定做不好」、「我肯定會失敗」、「我真的好討厭這件事情」、「我真的不想做」、「明天再說吧」。

那結果自然是，在現實生活中怨氣滿滿，故步自封，畏畏縮縮，敏感偏執。

所以，我想給「喜歡說喪氣話」的人提個醒：人是一種會被自己的語言操控的動物。如果你不斷抱怨老天的不公和自己的不幸，那你就會被痛苦包圍，並且很長時間都走不出來；但如果你不斷去發現生活的美好和命運的饋贈，那麼你就會被好運氣包圍，就會覺得人間值得。

也想給「喜歡以弱者自居」的人提個醒：你有機會就去爭取一下，你有優勢就努力贏一局，而不是時時刻刻擺出一副「我盡力了」、「我無所謂」的態度，然後，一遇到麻煩就繳械投降，一遇到不公平就哭天搶地。

我的意思是，抱怨從來不會引來那些你想要的東西。相反，抱怨會使你永遠擺脫不掉那些你不想要的東西。

人生就是，假裝容易又平坦，其實每一步都艱難。

生活就是，雖然不能讓人處處滿意，但也不會讓人絕望到底。

過好這一生的祕訣就是：很多事情只要往好的方向想，它就會慢慢變好。

(3)

再講一個讓我印象極深的小故事：

在一輛車裡，有個八歲的小朋友對他叔叔說：「你想不想看我拋一把我口袋裡的五彩紙屑？」

叔叔說：「不不不，不要丟在車裡，太難收拾了。嗯？你的口袋裡為什麼有五彩紙屑？」

小朋友得意地說：「這是我的應急紙屑，我到哪裡都隨身帶著，以防有好事突然發生。」

這是一種非常讓人羨慕的心態：我始終相信有好事即將發生。

人的身體裡有兩股力量，一股是積極、正向的，它讓你覺得「我真了不起」、「我運氣真好」；另一股是消極、負面的，它時時提醒你「我好倒楣」、「我啥也不是」。積極的人總是被豐盛、充沛、力量、慷慨所吸引，而消極的人總是被匱乏、索取、脆弱、控制所吸引，這直接把人分成了「幸福的人」和「不幸的人」。

那麼，我們該如何培養積極的心態，避免消極情緒的影響呢？

1. 展示自己的時候不要露怯。

比如一本書，你還沒看，作者就跟你道歉說：「我塑造的人物太糟糕了，實在是對不起讀者。」那麼這本書的內容無論多好，你讀完高機率會得出「確實好普通」的結論。

2. 主動選擇你的圈子。

你不想變成什麼人，就要少接觸什麼人。比如你不想喝酒抽菸，就少和這種人吃飯或者玩耍。你想積極向上，就少和消極悲觀的人商量事情或者交換想法。

3. 把自己當回事。

同樣一件事，你把自己看得太卑微，你就會覺得這件事無比沉重。反之，你把自己當成重要人物，這件事就會顯得「問題不大」。

4. 學習富人思維。

很多人喜歡說「我買不起，我做不到，我沒時間」，因為說完就可以不做這件事情了。而富人思維是，「我怎樣才能買得起，我怎樣才能做到，我怎樣才能抽出時間，我要為此付出多大的代價，我這麼做有哪些好處」。

5. 展示積極向上的生活，建立積極樂觀的語言體系。

不管一天有多難熬，不管最近有多衰，總有那麼一兩個美好的細節可供展現。不要說負面的話，要假裝運氣很好，要多提醒自己「小事而已」。

6. 學會轉念。

不管多麼糟糕的事情都要努力看到積極的一面，比如沒考上公務員，那選擇其他工作的機會更多了；比如離婚了，終於不用再考慮對方的感受了，而且還能有新的戀愛機會；比如生病了，總算可以心安理得地躺一陣子……

7. 永遠不要覺得一件事情很難。

當你覺得一件事情很難，它真的就會變得很難。你的大腦就會被恐懼占領，你就會選擇逃避或者拖延。

8. 學會「假裝」。

你想成為什麼，就假裝「我已經是了」；你想做什麼，就裝出一副「我做這件事不在話下」的姿態來。

要注意你的心態，它會影響你的想法；要注意你的想法，它能決定你說的話；要注意你說的話，它會影響你的行動；要注意你的行動，它將變成你的習慣；要注意你的習慣，它能塑造你的性格；要注意你的性格，它決定了你的命運。

(4)

有一種思維模式是「找寶藏」。不管多麼無聊的地方，他都能發現美好，就算是不小心墜入深淵，他也能在絕境裡欣賞絕美的風景。

與此相對的思維模式是「撿垃圾」。不管給他什麼好東西，他只能看到缺點和掃興的地方，就算把他抬進了皇宮，他也只會滿地找空瓶子。

如果一個人眼裡心裡只有「我的命好苦」、「我真倒楣」、「我好差」，他就會一直苦、一直倒楣、一直差勁。因為但凡看不見光的人，光自然也照不到他。

如果一個人內心的聲音總是「我能，我行，我可以」，那他的人生註定會「贏慘了」。

因為相信美好是發生美好的前提。

心態好最神奇的地方是，它總有辦法讓一切發生對你只帶來正面的影響。

反之，一旦你開始懷疑自己，你身體裡那個厲害的自己就會拒絕和你合作。

那麼，如何對自己進行積極的心理暗示呢？先講五個經驗：

1. 與人交往時記住一個原則：誰對你的生活產生了積極的影響，誰為你帶來更多的快樂，你就多花時間和誰在一起玩。和他玩的時候不停地暗示自己：「果然運氣變好了。」

2. 遇到糟心事時記住兩個心法：一旦決定了，就認為「這是最好的決定」；一旦發生了，就認定「凡事發生必有利於我」。

3. 睡前對自己說三句能助眠的話：沒關係的，都會過去的，人間值得的。

4. 遇到難題時用這四句話來打打氣：都是小事，問題不大，還來得及，我能搞定。

5. 靈魂缺電時用這五句話進行「快充」：我比我想像的要好得多，我比我想像的還要健康，我比我想像的還要可愛，我比我想像的還要有辦法，我比我想像的還要好看。

來吧，拿出手機，打開前置鏡頭，對著鏡頭念：「我就是會發財的命，我就是享福的命，我就是身體健康的命，我就是吃喝不愁的命，我就是只有開心、沒有煩惱的命。」

心態好的人遇到困難可以透過「泡澡、吃好吃的、睡一覺」來重整旗鼓，而心態差的人遇到困難時會透過「不愛動、吃不下去、睡不著」來磨損自己。

所以，不要總是有那種「我不好」、「我不配」、「我不值得」的想法，要多跟自己說「我很好」、「我值得」、「我超配」；不再費力去對抗你不想要的東西和不喜歡的人，要多看看你想要的東西和你喜歡的人。

你總覺得「有不好的事情要發生」，不好的感覺就會一直產生；你總覺得「有好事即將發生」，美好的感覺就會相伴一生。

當你選擇了相信，事情就會朝你期待的方向發展，因為老天從那個瞬間開始行動了，它會製造各種各樣對你有利的意外、偶然、巧合，這些天賜的幫扶，遠超你的想像。

哦，對了，

關於「心理暗示」，還有三個提醒：

1. 我們既要利用暗示的力量，也要當心暗示的力量。比如，當你誇一個人的衣服好看，你最好是真心實意的，因為他很可能會在接下來的幾年裡都穿那件衣服或那種風格的衣服。

2. 越是形勢對自己不利，就越要振作精神，哪怕是強裝鎮定，這樣外人感覺你勢頭沒倒，不至於落井下石。

3. 在不損人的前提下，多給自己貼一些體面的、積極的、高級的標籤。就算和真實的自己還有差距，但除了自己之外，又有誰會在意呢？

希望你每天都能「三省吾身」，得出的結論永遠都是：吾很可愛，吾沒錯，吾怪好的。

06. 關於被冒犯
我凡事看得開，但不影響記仇

(1)

在《馬斯克傳》一書中，有一段馬斯克的獨白：「對於所有那些曾被我冒犯的人，我只想對你們說，我重新發明了電動車，我要用火箭飛船把人類送上火星。但如果我是個冷靜、隨和的普通人，你們覺得我還能做到這些嗎？」

真正的強大就是：我知道自己要什麼，我知道自己有權怎麼活，我知道自己不必非得怎麼樣。

不是什麼人都得奉為上賓，不是什麼話都得當成金玉良言，我們生命中的大多數人只是宇宙安排的路人甲乙丙丁，他們的主要任務是讓你意識到自己的真實感受和真實需求，與你分享你生活所需的知識、經驗和智慧，讓你的人生旅途變得豐富，而且盡興。

然後，他們的任務就結束了。

這也意味著，他們的意見、觀點、方法都可以降到「僅供參考」的等級，而你的感受、情緒、喜好都要上升到「至關重要」的程度。

所以，不要給自己立一個「我很好相處」、「我非常有素質」的人設，而是要坦坦蕩蕩地說「我不想」，大大方方地說「不行」，理直氣壯地說「我樂意」。

很多東西只有你自己重視、珍惜，別人才不會貿然浪費、糟蹋。包括你自己。

如果有人說：「他怎麼就欺負你，不去欺負別人？」你就可以說：「怎麼就他欺負我，別人不欺負我？」

如果有人說：「你讓一隻狗吃這麼貴的東西，你有給你父母用過這麼好的東西嗎？」你就可以說：「看看我這記性，又把你當人看了。」

如果有人說：「你怎麼這麼小氣啊！」你就可以說：「你大方，那我下個月的房貸，你幫我還吧。」

你想要什麼、你介意什麼、你在乎什麼、你反感什麼，這些都是天大的事情。如果別人給不了你想要的，卻還要嘲笑你；如果別人不理解你介意什麼，還要抨擊你；如果別人不尊重你，還要道德綁架你；如果別人不顧你的感受，還想拿捏你，你有必要放下個人素質。

對太善良的人來說，成長意味著，你的水準，有待降低。

(2)

再講兩個關於鄰居的故事。

甲和乙是鄰居。乙沒有裝 Wi-Fi，和甲要了 Wi-Fi 密碼。甲爽快地同意了，因為甲覺得他們關係不錯，而且這對他沒什麼影響。

後來甲得知乙買了電視會員，就對乙說：「能不能把你的電視會員借我追追劇？」這時候，乙的妻子開口了：「想看就自己付錢買，那是我買的會員，我不願意分享。」

空氣瞬間安靜了，乙急忙向甲道歉，甲笑呵呵地說：「沒關係。」

又過了一下，乙的妻子大聲喊乙：「你快回來看看，電視壞了。」

乙進屋去了，沒多久和妻子一起出來找甲：「電視沒壞，是 Wi-Fi 不能用了，密碼登不進去。」

甲說：「我改了密碼，因為是我付的錢，我不願意分享。」

丙和丁也是鄰居。某天丙滑影片，聽說 Wi-Fi 有輻射，對孕婦不好，於是丙關掉家裡的 Wi-Fi，還要求丁也把 Wi-Fi 關了，因為他的妻子懷孕了。

丁跟丙解釋 Wi-Fi 根本不會影響健康，但丙根本聽不進去。丁甚至搬出論文資料，告訴丙這種程度的輻射沒什麼影響，結果丙直接說丁「沒人性」。

丁不再解釋了，而是直接拿出一份合約，要丙簽字。合約的大概內容是，關掉家裡的 Wi-Fi 沒問題，但費用需由丙買單。合約詳細地列舉了自己過往每天流量的使用情況，家裡一共多少人，多少手機、電腦，一個月的流量費用大約是多少；在時間上也替丙考慮周全：丙的妻子懷孕十個月，還要等孩子長到三歲，這期間所有的流量費用都由丙承擔。還特別強調，費用月付，可以年繳，也可以一次性付清。

與人交往要講禮尚往來。尊重是相互的，分享是相互的，禮貌也是相互的。但與此同時，不尊重是相互的，不大方是相互的，不禮貌也是相互的。

人活著不是為了向別人出示一張好臉或者好人卡，生活的意義也不在於扮演一個讓所有人都滿意的角色。如果總是太好脾氣的話，你身邊的討厭鬼一定會越來越多的。

也許有人會問：「做好人真的會吃虧嗎？」

我覺得要分情況，如果你發自內心地不想幫那個忙，那麼答案是「是的」；如果幫助別人讓你的快樂變少、抱怨變多，那麼答案是「是的」；如果幫助別人會犧牲你的核

心利益、會影響你的成長，那麼答案是「是的」。

(3)

你是不是也遇到過類似的情況：

飯局上，一張紅光滿面的醜臉在勸你喝酒：「怎麼不喝呢？是不是不給面子？」

口碑很差的同學，突然找你借錢：「你不借我錢，就是不講同學情義。」

非常熱情，但沒感情的親戚，突然向你開火：「你不結婚、不生小孩，就是對父母不孝。」

但實際上，他們只是想讓你聽話喝下那杯酒，只是想要拿到你的錢，只是想要你遵從他們的意願生活，所以才會將一件不相干的小事上升到尊重、情義、孝順這個高度。

可問題是，不喝酒和不尊重人，不借錢和沒有同學情義，不結婚生娃和不孝順父母，這些之間沒有必然的邏輯關聯。

道德綁架別人的人，只是強調了別人需要遵守道德的一面，卻掩飾了他自己不道德的一面。

事實上，沒有人可以逼迫你「一定要怎樣」。如果有人逼迫你，無論是委屈巴巴

「裝綠茶」，還是陰陽怪氣地搞道德綁架，都可以當成你精神世界的「侵略者」，請默念一句「我需要得到你的認可嗎」，然後毫無愧疚地遠離。

早晚你會明白，就算你對他們始終懷著善意，在言談舉止間以禮相待，但也阻止不了他們對你的「勒索」，他們勒索的不只是金錢，還有時間、情緒。他們用狹隘的認知、扭曲的價值觀、糟糕的情緒來搞砸你純粹的快樂和難得的平靜。是的，在有毒的環境和關係裡待久了，人早晚會變成瘋子、潑婦、憂鬱症患者，不管你怎麼委曲求全，怎麼強大內心，怎麼假裝沒事，你頂多就是變成一個看似體面和正常的怨婦。

所以我的建議是，遇到喜歡的人，就露上排牙齒對他傻笑；遇到不喜歡的人，就露下排牙齒對他齜牙咧嘴！

怕就怕，你又菜又兇，一邊嘔著氣，一邊放著狠話：「哼，敢惹我，你就算踢到棉花了。」、「哼，敢惹我，你就惹對人了。」、「哼，敢惹我，那我就死定了。」、「哼，雖然我不惹事，但我怕事。」、「哼，惹到我，你會有麻煩的，但不太大。」

怕就怕，你一邊忙於生存，一邊忙於表演。你覺得自己是站在舞臺中央、被聚光燈照著的人，舞臺下面黑壓壓地坐滿了觀眾，你化著精緻的妝，汗流浹背地做著高難度的動作，小心翼翼地念著臺詞，心心念念地等著掌聲，直到落幕，直到燈光亮起，你這才發現：四周空空如也。

人情世故不同於知識，也不同於技能，不擅長就是不擅長，不必勉強自己非學會不可。有的東西就像對酒精過敏，是學不來的。生而為人，要長成一個性格鮮明的、真實的人，而不是各項特質的強硬拼湊。與其強迫自己學習「懂事」，不如形成一套「我就是這樣」的風格，然後在不同的場合堅持這種風格，那麼別人就會認為你的六親不認、你的不給面子都是合情合理的。然後，他們會自動調整、變換出一種能和你相處的模式。

反之，如果你不想辦法守住自己的生活方式，別人就會想辦法修改你的生活方式。你不維護自己，別人就會拿捏你。

這個世界比較糟糕的一點就是：狼心狗肺的人，從不相信因果報應；而受盡委屈的人，總期盼著蒼天有眼。

那麼，如何才能避免被人拿捏呢？

1. 不要把別人看得太重，要置頂自己的感受。「我願不願意」比「你滿不滿意」更重要。

2. 不需要為別人的情緒負責，讓別人舒心不是你的責任，「我開心」比「讓你開心」更重要。

3. 不需要和所有人都成為朋友，也不需要和某個人一直是朋友，有幾個朋友或者有一陣子是朋友，也很好。

4. 不要擔心被誤解。被誤解是很正常的，「我怎麼看待自己」比「你怎麼看待我」更為重要。

5. 不想笑或者不想哭時，不要勉強自己。在愛你的人眼裡，哭著的你和笑著的你一樣可愛。

6. 不用非得跟大家一樣。「別人都這樣」是「我不想這樣」的絕佳理由。

如果為了贏得不喜歡你或者你不喜歡的人的認同，那麼你做的事一定是你不喜歡的。

(4)

我其實非常想推廣一句東北話：「都別勸，今天誰都不好受。」

因為我發現大家太擅長「勉強自己」了：不想說的謊，還是說了；不想參加的局，還是去了；不想加的好友，還是加了；不想吃的飯菜，還是吃了；不認同的「好言相勸」，還是照做了；被人冷嘲熱諷，還要笑臉相迎；與環境格格不入，還得逢場作戲……

久而久之，你越長大就越「懂事」，而這種「懂事」僅僅意味著，你懂別人的事，理解別人的苦處，容易被別人打動，甚至在自己的利益和別人的發生衝突時，選擇順從別人的意志，為別人犧牲自己。

我想提醒你的是，世界上只有一件事情比「別人不喜歡真實的你」更糟糕，那就是「別人喜歡不真實的你」。

他們首先會誇獎那個不真實的你，而這種誇獎帶著隱形的壓力，它意味著：你不照做，就是辜負；你不服從，就是「對不住」。

他們接著會用聖人的標準來要求你，以一己私利來指責你，拿道德來綁架你。

他們最後會指責你性格不好，脾氣不好，渾身帶刺，不好接近，目中無人，不知好歹……

他們的真實意思是：你這個人到底是怎麼回事啊？我只是想侵犯你的自由，想破壞你的邊界，想左右你的選擇，想占有你的利益，想動搖你的立場……我如此費盡心思，竟然沒辦法說服你，你簡直是太不可愛了，哼！

一旦你開始迎合他人，開始扮演別人喜歡而自己不喜歡的模樣，你就會變得無趣而且不快樂。

所以，你要好好挑朋友，好好挑飯友，好好挑工作，好好挑夥伴，好好挑戀人，好好挑和你有關的人，你要選擇重視你的人，要為一家重視你的公司賣力工作，要為一個在乎你感受的人努力付出。

有人可能會用「人在江湖，身不由己」來替自己辯解，更有甚者會把吃虧說成是福氣，把為別人犧牲說成是偉大，但實際上，吃虧只是吃虧，犧牲只是犧牲。

當你被人群裹挾著前進時，你覺得自己是被動或者無辜的，卻忘了作為個體的你，其實一直擁有主動選擇的權利。只是你習慣了「勉強」和「妥協」，才誤以為自己「實在是沒辦法」。

我想提醒你的是，很多壞東西就是在發現你軟弱可欺時才找上門的。所以，不要習慣「吃虧」，不要忍受「不友好」，不要接受「不被重視」，不要勉強自己活成別人期待的樣子，不要犧牲你的誠實去換取和別人的關係，不要用對自己不好的方式來對別人好。

而是要經常提醒自己：「我不是非得脾氣好，我可以擺臭臉，我可以選擇不融入某個圈子，我可以不做讓自己不開心的事，我可以拒絕，哪怕被認為性格差也沒關係。我首先是為自己活的，其次都是其次。」

如果遇到某個人，讓你變得低聲下氣或者曲意逢迎，請記得問問對方：你是幫我繳過學費，還是幫我換過尿布，憑什麼要求我讓你賞心悅目？

(5)

除了要拒絕「壞人」的道德綁架，還要當心「好人」的情緒勒索。

就是有那麼一類人，他們往往表現得很友好，但是當你跟他們接觸之後，你會覺得很辛苦，因為他們總是怨氣滿滿，失望多多。

比如他們會說：「我在社交平臺上公布了最近的旅遊計畫，其中就說了要去你所在的城市，我以為你會主動約我，沒想到等了一整天，你都沒理我。」

又比如他們會說：「我和XX都送生日禮物給你了，但你發文的時候，把C位給了她，看來在你的心裡，還是她更重要吧。」

他們暗自期待，然後暗自失望，然後很客氣地向你表達他們的失望，而你全程都不知情。聽完了他們的表達，你要嘛很愧疚，要嘛很不爽，要嘛很煩躁。

這種人就像黑洞，靠近一點就會吸走你的能量。哪怕你是跟他分享喜悅，他都能讓你黯然神傷。而你要做的是，趁早遠離這些給你製造愧疚、破壞你平靜的人。越少搭理，越早封鎖，你的命運就會越好。

二三十歲的年紀，比膠原蛋白流失還要快的其實是勇氣。包括但不限於：豁出去的勇氣，改變的勇氣，以及被討厭的勇氣。

實際上，被討厭並不像你想像的那麼糟糕，甚至會因此減少很多的精神內耗。比如「因為太累，所以不想參加聚會」、「因為不打算跟你長期來往，所以不去參加你的婚禮」、「因為口味不同，所以選擇獨自用餐」、「因為狀態不好，所以今日少喝幾杯」……

關於社交，我要提五個醒：

1. 長時間和一個糟糕的人相處，一定是經由你允許才發生的。

2. 不能因為心裡有愧疚，就允許別人對你不好。隱藏、靜音、遠離、刪除、退追，都是自我照顧。

3. 你沒有對誰好的義務，但你有討厭誰的自由。「總喜歡犧牲自己」和「總想著當別人的媽」，都是病，得治。

4. 總是給你出難題，總是在製造麻煩，總是給你製造緊張空氣的，盡可能早地敬而遠之。

5. 要好好保護自己的觀點，也許這些觀點沒什麼了不起的，但這對你來說非常重要。假如失去了它們，你也就沒什麼味道了。

假如你總是表現出「沒事的，你可以不跟我玩」、「是的，我這個人不好說話」、

「嗯，我不想幫你的忙」、「對啊，我就是態度不好」、「對對對，我就是不講人情」……那麼你每天晚上都會睡得很香。

最後，望周知：

說你「不懂事」，意味著你「不好騙了」，意味著你「有主見了」，是褒義詞。

說你「強勢」，意味著「操控不了你」，意味著你擁有了「視他人為糞土的能力」，是褒義詞。

說你「自私」，意味著「沒能占到你的便宜」，意味著你的利益「不允許別人侵犯」，是褒義詞。

說你「見外」，意味著你「不想浪費熱情」，意味著你在做「防禦」，等於變相地跟人說，「請別說了，請離我遠一點，請自重，請要點臉吧」，也是褒義詞。

Part 2

我這一生，確實是熱烈又真誠地活著

要熱氣騰騰地活著，吃愛吃的食物、買喜歡的東西、
穿漂亮的衣服、珍惜愛的人、做喜歡的事……
先爭取今天快樂，先爭取開心地活在當下，
先別管這種活法「高不高尚」或者「有沒有出息」。

07. 關於鬆弛感

不要相信壓力會變成動力，壓力只會變成病歷

(1)

經常聽到有人說：「當你覺得生活累，就去凌晨四點的菜市場或者醫院的急診室看一看。」

有個絕妙的回應是：「如果覺得累，就應該休息，而不是去看誰比自己更累。」是的，「我現在很痛苦」和「還有人比你更痛苦」，這兩者之間沒有任何關係。

有太多的人，活得就像一頭買鞭子給自己的驢子。

遇到事了，總是下意識地從自己身上找原因。任何一點點失敗，都會當作對自己的全盤否定。有什麼事情沒有做好，就怪自己不夠好。

那結果自然是，你會習慣性自責，習慣性得出對自己不利的結論：「我之所以賺不到錢，得不到愛，無法喜歡自己，完全是因為我不夠努力，不夠拚命，不夠自律，不夠有天賦。所以，我不值得愛，我不值得尊重。所以，我被輕視是合理的，我被放棄是正

常的。」

可現實情況是，十八九歲，剛考完大學，你對學科、前途、職業一無所知，卻被要求選擇自己的專業。二十四五歲，大學畢業，你對人生追求、商業世界的運行規則毫無概念，卻被要求選擇自己的事業。三十歲不到，你在對自己、對人際關係、對人情世故一知半解的情況下，卻被要求確定人生伴侶。

我的意思是，人生出問題本就是一個高機率事件。

我們好像都是從小被嚇到大，好像達不到某種世俗的標準，人生就完蛋了。

但實際上，選擇錯了沒事，比不過別人沒事，單身沒事；偶爾看手機沒事，睡到中午沒事，不對討厭的人笑沒事，大聲地哭出來沒事，不那麼乖也沒事；軟弱可以，逃避可以，枯萎可以，暫時休息可以，承認自己痛苦也可以；朋友不多沒關係，飛機晚點沒問題，有人不喜歡也很正常。就算此刻外面疾風驟雨，明天的太陽還是會照常升起。

錢沒了可以再賺，工作沒了可以再找，戀人弄丟了可以換一個，牛奶灑了就再倒一杯，鑰匙丟了就換把指紋鎖，被比下去了就重新開始，別跟自己較勁，別跟自己鬧彆扭。

沒有一種批判能比自我批判更強烈，也沒有一個法官比自己更苛刻。人只有停止自我攻擊，才能將自己從霉運的沼澤裡拉出來。

(2)

人常常會犯的三個錯誤：

1. 別人都那樣，我也必須那樣。如果我沒法跟別人一樣，別人就會瞧不起我，會笑話我，會遠離我，會孤立我。

2. 我覺得這樣是對的，那麼別人也理應這樣覺得。如果別人跟我不一樣，我就勸他。如果別人不聽，我就生氣。

3. 我必須什麼事情都做好。如果我搞砸了，那我就不值得被愛，就得不到認可，那我的人生就完蛋了。

於是，你總是試圖去讀懂別人的所思所想，總是試圖預測誰都沒辦法保證的未來，總是過分地糾結不要緊的細節，總是在腦海中迴圈播放某個糟糕的瞬間，總是陷在過去的一段回憶裡不能自拔，總是為自身的某個缺點惶恐不安……

你陷在情緒的奇怪循環裡，誤以為想得越多就能解決問題，結果是筋疲力盡卻於事無補。

感覺很 emo 的時候，就像手機電量低於百分之二十，要自動變成省電模式，訊號不用那麼強（不關心別人怎麼說，怎麼活），網速也不用那麼快（不選擇，不回應），沒關

機就行。

一個人不用活得像一支隊伍，活成真實的你自己就好了，既有野心、遠見和尊嚴，也有莽撞、軟弱和頹廢。也不用逼自己變成一個十全十美的人，人一輩子只要把一件事做好了，就能過得很好，其他方面可以安心地做個廢物。

只要活著，我們就會不斷地出錯、出醜，但沒必要對此耿耿於懷，該吃就吃，該喝就喝，愛誰就愛誰。

不要逼自己十全十美，不要把自己的選擇建立在別人的認同上，不要反反覆複咀嚼那些讓你不爽的人或者出糗的事，不要強迫自己「必須出人頭地」，不要責令自己「必須合群」，每個人都有不是星星的權利。

人哪，對自己也要手下留情。

因為你知道，生活不可能萬事如意，總會有不圓滿，不如意，來不及。

因為你很確定，擁有美好生活的方式有很多種。所以，單身沒關係，沒考上那所大學沒關係，晉升失敗沒關係，走很遠的路又繞回來也沒關係。

因為你很清楚，花有花期，人有時運。所以，你允許今天天氣陰沉，心情不佳；允許愛情遲到，或者不來；允許生活中無緣無故的失去，或者莫名其妙的哀傷；允許自己只是一個普普通通，甚至是失敗的人。

人生就像一場球賽，如果賽前制訂的計畫不奏效，那就在中場休息的時候調整一下策略，人生不是非要怎樣。

(3)

有個女孩傳了一句話給我：「不想做人了，想做花，矯情，難侍候，不高興了就死掉。」

我問了一句：「怎麼啦？」

她滔滔不絕，連傳了三十幾則語音訊息。她沒有說具體是哪件事讓她崩潰的，但似乎每件事都在讓她崩潰。

比如孩子吃飯的時候用手抓著吃，然後全都抹到自己的頭髮上，她忍不住打了孩子的手。

比如身邊的朋友都買了學區的房子給孩子，假期都帶孩子出去旅遊，可她什麼都做不了。

比如早上趕著去上班，老公卻賴床不起來吃她做好的早餐，她氣得跟老公大吵了一架。

比如父親因為腎結石住院了，但她完全沒有時間去照顧。她責怪著自己不是一個合格的媽媽，不是一個善解人意的妻子，不是一個孝順的女兒。

我想了好久，然後很認真地敲了一段話給她：**「你是會累、會失望、會崩潰的生命，不是按照某個規定程式運轉的機器；你是會笑、會哭、會做鬼臉的人，不是不符合大眾期待就要被判定好壞的物品；你是會失望、會糾結、會權衡的普通人，不是從不犯錯、十全十美的聖人。所以，你的情緒有起伏，狀態有好壞，能力有高低，表現有波動，過程有曲折，結果有成敗，都是很正常的。甚至就連自私、小氣、妒忌、犯懶、膽怯、占便宜、厚臉皮、不通人情，也都很正常。」**

一個人可以有好多個「分身」。想當好媽媽的是你，不會教孩子的也是你；想當好妻子的是你，跟老公賭氣的同樣是你；想做孝順子女的是你，跟父母頂嘴的依然是你。

類似的還有：想放縱吃東西的是你，想擁有好身材的同樣是你；想沒日沒夜地追劇、打遊戲的是你，想好好學習、努力賺錢的也是你；想大肆花錢的是你，想精打細算的也是你；想刻薄酸人的是你，想維持好人設的還是你……

不用過分強調「我必須怎樣才算是合格的媽媽、妻子、女兒」，也不用責難自己「我只有這樣做了才算是懂禮貌、很上進、有教養」。只要活著，誰也沒資格輕鬆，但誰都有資格以輕鬆的心態面對生活。

不要因為從前的幼稚就對現在的自己滿是鄙夷，不要因為沒有滿足別人的期待就懷疑自己，而是要相信這世間美好與你環環相扣。

不要因為一個失誤就覺得一整天都完蛋了。比如中午吃多了，不要覺得今天的減肥計畫泡湯了，那只會讓你把晚上的減肥任務也擱置掉。

不要因為計畫中斷、缺乏動力、沒有幹勁就憂心忡忡，而是要經常提醒自己：「這是你生而為人的正常表現，只有機器才會一直充滿幹勁。」

既然事情已經塵埃落定，就不要再用情緒把它揚得處處都是。

比如說，對最愛的人發火了，馬上著手去修復傷痕、停止互相傷害，不要總掂量誰更有理；照顧不了父母，那就多打電話、多轉帳，不要道德綁架自己；沒能力給孩子最好的物質條件，那就努力給他們更多、更好的陪伴。

火已經發了，架已經吵了，學區房確實是買不起，照顧不到父母確實是客觀事實，那就接受它們，不要給自己懊悔的機會，不要拿出一大段的時間用在責怪自己上，不要放大自己的不足、過錯，或者分身乏術，要認帳、認栽，為錯誤和能力不足買單，然後迅速撤離現場。

成年人最要緊的事情是學會接受，接受自己的腦子不夠靈光，接受自己的情緒不夠穩定，接受自己不會講漂亮話，接受很多辛苦付出都沒有對等的回報，接受遺憾和失去，接受踩坑和失敗，接受別人看法不同，接受自己有邪惡的念頭，接受有人不告而別，接受有人不勞而獲……

接受意味著，無論今天過得怎麼樣，都當它是「穿了一天的襪子」，到家就得脫了。

其實呢，很多事情想不通也沒關係，過一段時間你就想不起來了。

(4)

有一個熱門的段子：「你恰巧有那麼一點天賦，夠你去覬覦天才們的那片殿堂，卻不夠你進入。你在門前徘徊良久，隱隱約約看到了殿堂透出的光，卻敲不開那扇門。你頹然而坐，以為這就是人世間最大的遺憾，卻恰好聽到殿堂內傳來一聲嘆息：我好菜啊！」

網路太發達了，你足不出戶就能看到各種厲害標籤、光環加身的人。

你羨慕別人的家境或者天賦，羨慕得幾乎要喪失前進的動力了；你長年累月為自己的平庸憂愁傷神，一想到被別人比下去的人脈、長相、本事、口才，你就覺得人生無望。

你明明有想達成的目標，卻沒有勇氣為之放手一搏；你明明有想要完成的事情，卻反覆給自己施加「我不可能做到」的暗示。

你每天的任務就只是和自己的普通較勁，和命運的苛刻較勁，和生活的不公較勁。結果是，你躊躇滿志卻又整日混吃等死，想與命運對抗卻又事事心灰意懶，心比天高卻又處處畫地為牢，胸懷大志卻又總是原地踏步。

我只是替你擔心，怕你命運的齒輪一點沒轉，而人生的鏈子快掉光了。

上幾代人，大家的人生軌跡無非是相親、結婚、生兒育女、熬到退休，大家共用同一套「人生範本」。

而現在，普通人還是普通人的命，但因為在網路上看到了太多不普通的人和事，以至於很多人的內心變得不安寧、不知足、不滿意、不甘心。

於是，你看著別人如何如何，就覺得自己也應該怎樣。你也想成為野心勃勃的企業家或者歲月靜好的小資黨，想變成活在當下的自由派或者處處受歡迎的網紅達人，你也想擁有美好的友誼或愛情，想要完美的婚姻或家庭，想找到喜歡的工作或事業……

久而久之，你習慣了拿別人的劇本過自己的生活，拿別人的地圖走自己的路。

結果是，同樣是過普通的一生，但跟前幾代人相比，你的心態變差了，體驗也變糟了。

世界到處都是隱形的「尺」，你的出身、長相、能力、感情、工作被隨時隨地丈量著，然後被提醒「你看那個誰誰誰，你再看看你」、「他那樣活著才叫生活」、「你有什麼資格不聽話」、「跟別人比，你差得遠了」……

結果是，你從小被這些「外界的聲音」教育長大，以至於你習慣了將評判自己的權利拱手讓人。

我想提醒你的是，不是非要有天賦才配活著，不是非要有成就才算活著。你可以有目標，但不能削足適履，不能被所謂的「目標」綁架了，而是要明白，你才是那個能隨時決定並調整目標的人，而不是被目標決定和裹挾的人。

我的意思是，放過自己才是真正的上岸。

最好的心態是，要像養一棵盆栽那樣對待自己，時不時鬆鬆土，讓環境鬆軟且透氣，時不時曬夠陽光，並按時按需補充水分。允許自己暫時落後，同時祝賀別人遙遙領先；允許自己偶爾癱一下，同時清楚「這很正常」；允許自己的花有一些沒結果，同時瞭解「這對自己來說是件好事」。

如此一來，你就會慢慢找到自己的節奏，按自己的花期開花。你還會想通很多事情：「我少年不得志是正常的，我的出身、見識、能力都決定了我在二十多歲是很難成功的。」

「我會在很多事情上缺乏主見，我會在諸多選擇面前顯得目光短淺，這註定了我會比那些資源豐富、見多識廣的人要晚熟幾年。」

「我需要多嘗試，多學習。別人二十幾歲能達到的人生高度，我可能要三四十歲才能達到；別人三四十歲就能擁有登頂的機會，我可能要四五十歲才可以等到。」

「我的目標應該定為『要努力，但不要著急』，而不是整天為難自己說『你看那個誰誰誰，比你強多了』。」

(5)

有無數的心靈雞湯都在強調「撐住意味著一切，高情商的人都戒掉了情緒」，卻很少有人說「撐不住是可以的，崩潰是可以的，發瘋也是可以的」。

對靈魂緊繃的年輕人來說，時不時地鬆弛一下尤其重要。

鬆弛感主要包括三個部分：一是對自己誠實，二是堅定地做自己，三是懂得放過自己。

所謂「對自己誠實」，就是我的好，無須向別人證明；我的糟糕，我也心裡有數。我不以別人的標準要求自己，我知道自己想要什麼，也知道自己不想要什麼；我允許自己不夠好，也允許自己「做不到」。

所謂「做自己」，不是我工作遇到麻煩了就裸辭，我不喜歡學習就放棄學業，我不想社交就跟所有人絕交，我心裡不爽就跟人硬碰硬，而是我想做科學研究就認真學，讀個博士，進學術界；我想升職，就把專業的技能弄透，直至精通；我想當老闆，就把貨源、管道、銷售、管理的那一整套都弄明白；我想當作家，就先讀個幾百本書，寫他個幾十萬字。

所謂「放過自己」，就是在狀態好的時候，我會鼓勵自己上進、拚命、放手一搏，但同時允許自己在狀態低迷時偷懶、妥協、委曲求全；就是面對否定、質疑、指責時，我很清楚這一次小範圍的失敗不能說明什麼，那個人的質疑不能否定我，那幾句不符合真相的指責更不會影響什麼。

鬆弛感的本質，不是由著自己的性子肆意妄為，或者對世間萬物都無所謂，而是明白「他人的看法」重點在「他人」，「自己的人生」關鍵在「自己」。

那麼，在日常生活中如何培養鬆弛感呢？這裡有八個小妙招，希望對你有用：

1. 社交失聯。

不上網，不發文，不找人哭訴，找一本書、一部劇或一個遊戲，讓自己沉溺其中，但要設置時長，比如兩個小時、一天、三天，或者一個星期，然後你就會發現，之前的執念、疑惑、焦慮、煩躁都威力大減。

2. 耍廢幾天。

不努力，不上進，不精緻，不做好人，像秋末的盆栽那樣放肆地掉葉子。等時間一到，又能像春樹那樣冒新芽。就像是駐在碼頭養精蓄銳的船，等好風吹起來，又能揚帆遠行。

3. 練習不在乎。

多念幾遍：「誰認識你呀，誰在乎你呀，誰不出錯啊，誰是一開始就會的呀！」

4. 站在自己這邊。

如果你對一個人缺少好感，那就遠離他；如果你覺得某個選擇不安全，那就拒絕它；如果你自認為還沒準備好，那就大方地承認自己不行；如果你覺得不舒服，那就直接喊「停」。如果你感覺到了「被迫」或者「勉強」，請一定要堅定地站在自己這邊。

5. 學會自嘲。

想譴責自己水準變低了，就提醒自己：「每天上班的話，水準低一點是很正常的。」

想責怪自己好懶，就安慰自己：「不要因為睡了懶覺就感到自責，因為你起床也創造不了什麼價值。」

6. 練習「我認了」。

不找理由，不要說法，不推卸責任，不顧影自憐，不編造故事，不自欺欺人。情況就是這麼個情況，我認了；沒辦法就是沒辦法，我也認了。

7. 自覺矜貴。

不要因為之前的糟糕經歷就對命運失望，不要因為別人嘴裡的糟糕評價就對自己失望，不要因為幾次已經塵埃落定的糟糕結局就對餘生失望，而是要相信：我配得上這世間一切美好。

8. 實在不行就說「算了」。

「算了」這兩個字非常管用，就像一道聖旨，能夠大赦天下，當然也包括你這個正在逃跑的人。

如此一來，你緊繃的神經就可以放鬆下來。你對在乎的事還是抱有真摯的期待，但不會對結果有過分的執著。你煩躁的內心也會安寧許多，不是因為煩心事不再發生，而是就算發生也不會讓你感到煩惱。

就像是，曾經卡在橋洞下的船隊，終於航行到了波瀾壯闊的海面上。

願你能，與自己，和好如初。

08. 關於心態

願你像煙火般熱烈，過劈哩啪啦的人生

(1)

冰箱塞得滿滿的，但打開的第一感受是：「沒什麼能吃的！」書櫃擺滿了書，但站在書櫃前的第一感受是：「沒什麼能讀的！」衣櫃裡堆滿了衣服，但打開衣櫃的第一感受是：「沒什麼能穿的！」手機、電腦裡下載了一大堆娛樂軟體，但解鎖的第一感受是：「沒什麼能看的！」豐富多彩的虛擬世界和不愁吃穿的物質生活帶給你最大的感受竟然是：乏善可陳。

你對什麼都無所謂，做什麼都打不起精神，去哪裡都覺得沒意思，跟誰在一起都覺得無聊。

你活得不快樂、不滿足、不舒服、不激動，年紀輕輕就兩眼無光，就像燒光了的紙屑，就像快要落山的太陽。

你不再想征服世界，而是變成了逃兵。你既逃避別人遞過來的傳單，也逃避別人發送的好感，你逃避父母關心的眼光，也逃避生活的圍追堵截。你還沒來得及好好愛身邊的一切，卻不得不對一切開炮。

你變得很 emo、很無力，每天的精神狀態是：疲憊、焦慮、孤獨、得過且過。

結果是，生活試圖嚼爛你，卻發現你入口即化。

(2)

滑社交平臺，但凡是滑到有人拍藍天、花朵、小貓小狗、吃喝拉撒，我都會特意去按個讚。因為這世上無趣的人和事太多了，所以想格外珍惜這些還在熱愛生活的朋友。

尤其是當我感覺生活無聊或者壓力山大的時候，還會特意去翻一翻這些人分享的快樂日常。感覺就像是，正在走夜路的我，向這些提著燈的路人，借了一點點光。

比如齊少女，她有一個很煩人的網名——我媽說名字取得長就會有笨蛋跟著念。

但實際上，她並沒有那麼聽媽媽的話，比如媽媽當眾對她說：「專家都講過了，女性最佳的生育年齡是二十五歲至二十九歲，你今年都二十七歲了，要把握時間！」

她當眾回嘴道：「我的母親大人，我想問，這個年齡做什麼不是最佳的呢？就算是去撿垃圾，都是又快又多的好嗎？」

她很愛發文，就算是下班回家或者晚飯下樓散步也會分享，她的貼文裡也能看到天，看到雲，看到大樓的輪廓，看到草木的脈絡，看到小貓小狗的爪子……

她文筆幾乎沒有，但「激動」有很多。不管是跟老闆還是跟相親對象吃飯，吃到好吃的，她就會曬到社交帳號裡，還配文說：「這個好吃，真的，你們快嘗嘗，太好吃啦！」

不管是無意間路過還是專程去哪裡玩，看到美景，她也會發文，然後感慨：「這個地方太美了，大家一定要來看看，實在是太美了！」

剛認識的人大概會覺得她是個話匣子，但時間久了，大家會喜歡她對生活發自肺腑的、不加修飾的、毫無表演成分的讚美。

我曾問過她：「為什麼那麼愛發文？」

她的回答讓我印象很深：「我發文是給未來的自己看的。我不敢想像，九十八歲的我躺在搖椅上，翻看這麼多年的貼文，會有多開心。」

發文不是為了誰的讚，而是為了分享給未來的自己，為了以後還能知道自己這些年都做了什麼，怎麼活的，狀態如何。這些充滿喜怒哀樂的私人瞬間都在提醒著自己：「我這一生，確實是熱烈又真誠地活著。」

比如你的房子又破又小，你要做的是精心布置，買一些喜歡的物品，搭配一些溫暖的顏色，把每個地方收拾整潔，換上悅目的盆栽，掛上好看的窗簾，鋪上舒服的寢具，那麼它的存在對你來說就不再是折磨，而是享受。

比如你的薪水暫時不高，你可以做的是買一些新鮮的食材來做一頓好吃的，去一個不用太費錢的地方散散步、曬曬太陽，換一個髮型、做一次指甲、買一點點化妝品或者一雙鞋子，讓自己的胃和眼睛都豐富起來，那麼就算錢包不富裕，但內心可以很富足。

比如你的朋友不多，你可以寫信給自己，養一隻呆萌的寵物，培養一個新愛好，追一部新劇，學一門新語言，那麼就算獨來獨往，你照樣活得多姿多彩。

活得津津有味的人，即便大齡單身，也是行走的時尚單品。因為生機勃勃比漂亮更養眼，熱氣騰騰比漂亮話更動人。

怕就怕，你被生活圍追堵截，你沒有拍案而起，也沒有摔門而出，而是癱軟了，沉默了，認命了。

比如說，你本來覺得單身挺舒服的，但是親朋好友時不時地說你「年紀不小了」、「誰誰家的孩子找的女朋友特別漂亮賢慧」，明裡暗裡催你結婚，導致不著急婚戀的你被干擾到了，這種干擾會慢慢腐蝕你對單身生活的滿足感。

比如說，你本來覺得自己現在的工作挺順心的，但是看到社交平臺裡的朋友們升職加薪，在大公司步步高升，還有的創業做了老闆，你也許會提醒自己：「別人怎麼樣，關我什麼事？」

但是你會下意識地跟他們比較，你會覺得自己能力也不差，憑什麼人家的工作更好？

又比如說，你本來對自己的假期很滿意的，但是看到朋友曬的旅遊美照；你本來對自己的手機挺知足的，但有人在你面前秀他用的最新款。你也許會安慰自己「那不重要」，但你會幻想，「如果我也去那裡旅遊，我也有最新款的手機該多好」。

結果是，在這個吃穿不愁的年代，你被世俗的觀念裹挾著，心是浮的，人是躁的。看似什麼都不缺，實際上什麼都沒有；你對自己越來越不滿意，對生活越來越沒耐心。

假如把你漫長的一生剪成兩個小時的短影片，別人兩秒鐘就劃走了。

如此說來，「活該」這兩個字雖然難聽，但確實是大部分裹腳布人生的最佳讀後感。

所以我的建議是，要積極地記錄生活。一個人如果沒有日記本，沒有動態，沒有社交帳號，那和一張廢紙被沖進了下水道沒什麼區別。

要用你自己的方式浪漫你的生活。跟自己約會，給自己買花，為自己準備晚餐和禮物。不是給別人看，只為自己開心。

要興致盎然地跟這個世界交手過招，做一個永遠會為路邊的樹、天邊的雲、翻滾的浪、撒嬌的貓、新一輪的滿月、可口的飯菜、夏夜的晚風、冬天的白雪而歡呼雀躍的人。

要熱氣騰騰地活著，吃愛吃的食物、買喜歡的東西、穿漂亮的衣服、珍惜愛的人、做喜歡的事……先爭取今天快樂，先爭取開心地活在當下，先別管這種活法「高不高尚」或者「有沒有出息」。

希望你早日明白，真正應該焦慮的，不是孤獨，不是沒錢，也不是衰老，而是你從來沒有按照自己喜歡的方式活過。

(3)

想起一個女生的私訊：「我在這座城市最貴的辦公大樓裡上班，一坐就是一整天，偶爾去找主管簽個字，或者去櫃臺取個快遞。但下班的時候，我就覺得超級累。我有時候靠『別人會羨慕我』來鼓勵自己，有時候靠『再不好好工作就會被淘汰』來嚇唬自己，但並不管用。我不知道為什麼特別容易累。」

我很認真地回覆道：「大概是因為，你感覺不到這份工作的價值，你找不到存在感，這讓你覺得無意義，而對抗無意義就是一件很辛苦的事。」

你賤賣一天當中的黃金時間，見的人沒有一個是想見的，做的事沒有一件是喜歡的，說的話沒有一句是真心的，抬頭是螢幕，低頭是鍵盤，左邊是印表機，右邊是像自己一樣常年見不到自然光、要死不活的盆栽。

你早上匆匆忙忙地趕出門，白天渾渾噩噩地做著事，晚上身心俱疲地離開那棟大樓。一天接著一天，時光飛逝，可你毫無進步，而且越發地確定——我在這裡無足輕重。

更糟糕的是，就算你意識到了這一點，你明天依然會準時地出現在這裡。最多就是在社交軟體上吐槽一句：「為什麼好好的人要拿去上班啊？」

結果是，支撐你的四大精神支柱變成了：等下班、等週末、等快遞、等薪水。

與這種「無意義感」一起產生的是超負荷的「情緒勞動」，它把你本就不多的成就感消耗殆盡。

比如你是創意人員，面對不懂裝懂、不尊重專業的甲方，要付出「誨人不倦的情緒勞動」；比如你是下屬，面對因為心情不好而粗暴無禮的上司，要付出「委曲求全的情緒勞動」；比如你是職場老好人，面對拿腔拿調、不願配合的同事，要付出「強顏歡笑的情緒勞動」。

長時間沉浸在這種無意義感裡，你會在不知不覺中失去很多東西。

比如表達欲。以前的你有說不完的話，有分享不完的動態，如今卻活得像是一個隱士，八百年都更新不了一則動態，每天最大的感受就是「沒什麼可說的」。

比如文藝興致。以前的你愛詩歌、文學、音樂、電影、旅行，現在只關心「又要加班、考公務員好難、房東又漲房租了、房貸的壓力不小、不想結婚、賺不到錢」。每天就是站著玩手機，坐著玩手機，躺著玩手機。

比如快樂。不能說完全沒有，只能說非常稀有。大多數時候就是無聊、疲憊，整個人從裡到外都緊繃著。

比如勇氣。你怕麻煩，怕孤立，怕誤會，怕失望，所以總勉強自己，賣力地偽裝自己，彆扭地合群。

比如好奇。以前對新事物非常激動，想瞭解，想嘗試，比如做飯、插花、潛水、衝浪，都想試試。但現在只想早點下班，然後趕緊回到自己的小世界當井底之蛙。

現代社會給人類的雙重懲罰就是，既讓我們衰老得更早，又讓我們活得更長。以至於每天早上的捷運、公車裡，總能看到死氣沉沉的年輕人和朝氣蓬勃的老年人。

(4)

有個老師說過一段讓我很震驚的話：「講臺下的學生，一屆比一屆安靜。班上的男生，再也不敢追女生。我害怕課堂上的沉默，我寧願臺下的學生活蹦亂跳、站起來頂嘴、大膽地發表漏洞百出的看法，也不願看到他們安安靜靜地做筆記，緘默而又淡然，缺乏和他人交流的興趣。」

結果是，長大成了一件非常掃興的事，很多的「怎麼辦」變成了「隨便吧」，很多的「怕什麼」變成了「算了吧」，很多的「好期待」變成了「也就那麼回事」。

糟糕的是，熱情一旦用光了，就只剩疲憊和冷漠。

更糟糕的是，心態一旦老了，再健康的生活方式、再昂貴的保健品都救不回來。

那麼，熱情和心態該如何保鮮呢？這裡有八個建議可供參考：

1. 少幾次「改天再說」，多一些臨時起意。

比如突然想去吃火鍋，突然想去郊區搭帳篷，突然想去某地見某人，馬上去做。別等來日方長，你要現在就快樂。

當下的快樂才是最應該抓住的，高興一下是一下，舒服一下是一下，激動一下是一下。畢竟，先苦不一定後甜，先甜就是真甜。

2. 年輕人不能總躺著，得溜達溜達。

多讀書，多行路，多經事，多與人相交，多出去走走，別輕易聽信別人告訴你的，別讓世俗的禁忌阻礙了你的視野，別給自己定太多的條條框框，別過約定俗成的生活。

在長八十公分的魚缸裡，有的魚也能每天游個八百公尺。

3. 幫自己列一個「愉悅事物清單」。

可以是食物，可以是天氣，也可以是一些尋常的小事。比如晚霞漫天、晴空萬里，比如肌膚相親、四目相對，比如養花、擼貓、打球、買菜。

一旦有了喜歡，人就會變得生動起來，會重新長出熱情、專注和「誰怕誰」，你會產生很多的創意、好奇和「我樂意」。

我的意思是，你可以不重要，但是你的喜歡非常重要。

4. 在某些方面追求「精緻」。

可以是吃的，可以是穿的，可以是住的，可以是用的，可以是讀的。對生活有要求的人，才能活出品質。

5. 不要止步於喜歡一個產品。

比如說，喜歡某個電子產品，可以進一步去瞭解創始人的故事，你會看到他是如何扛住壓力或者力排眾議的。

喜歡某項運動，可以去瞭解這項運動的頂尖選手的成績或者訓練方法，你會發現幾秒鐘的提升竟然如此艱難。

喜歡某部影視劇，可以去瞭解相關的文學作品，你會發現文字呈現的故事同樣精彩，你甚至可能會因此愛上寫作。

6. 在要做的事情前邊加上一個「大」字。

比如說，「吃個大餐」、「跑個大步」、「洗個大澡」、「睡個大覺」、「讀本大書」、「搞個大事」、「寫篇大作」、「化個大妝」、「看個大展」、「過個大生日」，然後就會莫名地開心起來。

7. 給自己找點「期待」。

可以是朋友聚會、戀人見面、新劇更新、偶像的演唱會，可以是外送、零食、新衣服，也可以是路上的包裹、正在修的藝術照。這些人、事、物會提醒你：「快了快了，好事即將發生。」

8. 培養隨時能哄自己開心的能力。

憂鬱了，失敗了，被背叛了，被辜負了，可以允許自己低落一陣子，然後換一個角度來提醒自己：正好可以換一個朋友，正好可以換一個戀人，正好可以換一份工作，沒有什麼是不可替代的。

學會自己找樂子，學會哄自己開心，絕對是這個時代最稀缺的品質，沒有之一。

總之，不要成為「除了工作，什麼都沒有」的人，也不要變成「雖然工作很優秀，但假日碰面卻很無趣」的人。在成為大人的路上喘口氣吧。

(5)

上網久了就會有兩種錯覺：一是「人生道理似乎都被說完了」，二是「人生怎麼過也就那麼回事」。

於是，大家越活越精明，看淡經歷，看輕過程，只看重結果，只想要結論。

大家看不到日出，看不到夕陽，也享受不了當下的普通和空閒。大家不談戀愛，不想結婚，不願意生孩子。因為在經歷之前就已經「全都知道」了，然後自以為「看破了」，進而得出了「愛情有個屁用」、「生孩子就是找罪受」之類的結論。

大家不再相信努力，不相信公平，甚至就連愛情也不相信了，有的只是躊躇不前的沮喪、盲目比較的壓力和侍奉權力的疲憊。

大家越活越不新鮮，像行屍走肉一樣，對尚未發生的一切都不感興趣，只是木訥地待在原地，小心翼翼地四處提防，又或者是躲在陰暗的網路裡，借著匿名的身分見人就咬。

我想說的是，年紀輕輕的，要嘛認真學習，要嘛努力賺錢，要嘛享受生活，但如果你既沒在學習，又沒在賺錢，同時還整天不開心，那你到底在幹什麼？

我的建議是，不要聽別人怎麼說，不要盯著別人怎麼活，要把注意力放在自己身上，要關心自己當下這一刻開不開心、喜不喜歡、舒不舒服、願不願意。這些「開心」或者「願意」會給你無窮的勇氣和底氣，讓你跟混蛋的生活背水一戰。反之，如果你心裡不爽，而生活又處處刁難，那你的處境就等於是——腹背受敵。

要把生活想像成一幅畫，畫什麼都由你自己決定。要盡可能選擇喜歡的風景、好玩的人、有意思的事入畫，醜陋的、煩人的、糟心的就別浪費筆墨了。

要把人生想像成一張考卷，答什麼也是由你自己決定的。不要總想抄別人的答案，因為每個人的考卷都不相同。

要培養一些具體的愛好，而不是遙遠的目標。比如近在眼前的吃喝拉撒玩，比如一覺醒來很清楚今天要做什麼，比如下樓吃個早餐，幫窗臺上的盆栽澆水，追一集剛更新的劇，約老友去吃咕嚕咕嚕的火鍋……這些微小的期待和確定的快樂，能夠幫你擋住生活的圍追堵截和心狠手辣。

要盡可能多地豐富人生體驗。去吃，去喝，去玩，去發瘋，去保持天真幼稚，去學習，去競爭，別服輸，別怕出糗。你可以放棄掙扎渾渾噩噩地度過每一天，也可以折騰不止，永遠帶勁地活著。要盡可能地被什麼東西打動。可以是美景、美食、音樂、電影、詩歌、小說、萌寵、綠植、某個人、某個愛好……人如果不能被打動，和死了沒區別。

不要忽略近在眼前的美好，不要介意無關人等的評價，不要躲著必須解決的問題，總是逃避的話，眼神會先於生命失去光彩。

不要回應惡意，不要共情負面，不要糾纏過往，生而為人，你不應該是灰濛濛的。

不祝你天生麗質，不祝你天賦過人，不祝你生來勇敢，也不祝你乖巧懂事，只祝你

的生活有足夠多的精彩留白，祝你能把世俗的眼光一裁再裁，祝你在洶湧的人海裡活得盡興又開懷。願你像煙火般熱烈，過劈哩啪啦的人生。

09. 關於友情變淡

人生南北多歧路，君向瀟湘我向秦

(1)

小時候的友情是，吃完飯，我就來找你玩；長大後的友情是，改天再約吧，我這週有事。

小時候的關係是，吵架一分鐘，轉身就和好；長大後的關係是，不知不覺中，我們就走散了。

小時候唱的是，敬個禮呀握握手，你是我的好朋友；長大後唱的是，來年陌生的，是昨日最親的某某。

結果是，以前一天見三面，現在一面約三年。

(2)

想起兩則私訊，都是關於「友情變淡」的。

一位小女孩說：「我突然發現，我跟我最好的朋友關係變了。我一直以為我們會是一輩子的好朋友，是那種『新郎未知，但伴娘已定』的關係。直到昨天，我看到她發了一則動態，她說她失戀了，心情很糟糕，但還好有最好的朋友在身邊安慰她。我就覺得好難過，她失戀了，我一無所知。更難過的是，她最好的朋友不是我。可能，一直都不是我。」

另一則是一位中年奶爸傳的，他說他翻相冊的時候，想起了小時候天天一起玩的朋友，就傳了一則訊息給對方：「在嗎，好久不見，最近在忙什麼呢？」

過了半個多小時，對方終於回訊息了，而且一連傳了好幾則。開始是寒暄，然後強調最近的壓力，說自己也手頭緊，說父親剛做完手術，說每個月的房貸滿貴的，說兩個孩子都在上補習班……

男人傻了，但很快就明白了，於是趕緊解釋說：「我不是找你借錢的，就是回老家了，突然想起你了。」

對方如釋重負，語氣也變了好多，訊息裡說「確實是好久不見了」，最後一句是「改天一起吃個飯吧」。

然後，他們的對話就潦草地結束了。

和好朋友漸行漸遠是什麼感覺？

就是在熱鬧的街頭突然想起他了，或者在過節的時候想傳點什麼給對方，但打出來的文字刪了又改，最後什麼都沒傳出去。

就是在好久不見的同學會上，你和他簡單地打了個招呼，突然有人對你們喊：「我記得你們當年超好的！」然後，你們尷尬地笑著說：「對啊，我們當年超好的。」

就是家裡人突然問你：「那個誰誰最近怎麼樣了？」你只能支支吾吾地說：「啊……我也不太清楚。」

就是跟人提起他的時候，以前總是習慣說「我閨密或我兄弟」，現在提到了只能說「我以前的同學」。

就是好久沒有聽到那個人的動態了，想瞭解他最近過得怎麼樣，可點開他的社交帳號，看到的合照都是你不認識的人、你不熟悉的地方，那張曾經熟悉的笑臉如今看起來也非常陌生。

曾經無話不說的閨密或兄弟，漸漸變成了生命中的過客或最熟悉的陌生人，變成了相冊裡褪色的老照片或記憶模糊的臉，變成了訊息裡輕描淡寫的幾句對白：

「你最近過得怎麼樣？」

「還可以。」

然後，就沒有然後了。

好朋友為什麼會漸行漸遠？

因為你比他過得好了，因為你比他過得差了，因為你們在現實中玩不到一起了，因為你們在靈魂層面聊不到一起了。

因為漸老的歲月和漸遠的三觀，因為缺席了太多彼此需要的時刻，因為其中一方慢慢意識到這段關係的維持全靠自己的一廂情願。

因為每次見面都只是敘舊，說多了就沒意思了；因為很多人的出現不是你選的，而是被動和對方出現在同一時間、同一地點；因為你們本來就不一樣，出身、性格、興趣、夢想；因為太忙了，根本就沒有富餘的精力來維繫這段關係了。

因為你們都在成長，面臨的事和人天差地別，你們的目的地不同，能力不同等級，時間不同步調，感受不同頻率，生活的圈子和每天接觸的人也性質不一樣。

因為你們本來就不一樣。有時候是「這件事我都不在意，你為什麼在意」，有時候是「我認為這沒什麼，沒想到你想得那麼多」。

因為無法從對方那裡獲得哪怕一丁點的「你還滿懂我的」共鳴感，因為不能產生「我們一起去做點什麼」的想法。

因為幾次放鴿子，因為說錯了一句話，因為一個小忙沒能幫上，因為各自去了不同的城市發展，因為好忙，因為各有各的生活，因為各自都有了新朋友……

替所有人向所有人提個醒：如果有一天，我們再見面，你問我「最近好嗎」，如果我說「滿好的」，請你記得，多問幾遍。

(3)

看過一個故事，我難過了好久。

說有兩個和尚住在山谷的兩側，中間有一條小溪。每隔幾天，兩個和尚就會在同一時間到山底的溪邊挑水。久而久之，他們成了朋友。五年之後的某一天，甲和尚照常來挑水，發現乙和尚沒來。持續了半個月沒見到面，甲和尚擔心乙和尚出了什麼事，就急匆匆地去看望乙和尚。到了乙和尚的廟裡才發現，乙和尚正在和別人一起練拳。

甲和尚說：「我好久沒看見你去挑水，以為你生病了呢。」

乙和尚說：「我沒事，你看那邊。」

甲和尚順著乙和尚的手指看過去，是一口水井。

乙和尚得意地說：「我一有空就去挖井，半個月前，水井終於有水了。我不用再下山挑水了，我終於有時間練我最喜歡的太極拳了。」

我難過的是，我每天想著跟你講我這座廟裡的貓生小貓了，樹葉黃了，新種的番茄很甜，而你每天想的是新學的太極拳招式。

我每天盼著挑水的時間跟你見面，而你每天盼著的是「什麼時候才能不來這裡挑水」。

我分享了我全部的祕密，而你連挖井這麼重要的事都不跟我說。我想要的是當一個天天爬山、挑水、念經的普普通通的和尚，而你想要的竟然是一口井。

我更難過的是，我沒有資格怪你，因為你確實沒有義務跟我分享你的全部，你喜歡太極拳很正常，你想挖一口井也是很正確的選擇。只是我單方面地誤以為你也喜歡跟我見面聊天，你也享受在山底挑水的暢意，你也盼著跟我見面，你也把我當成你最好的朋友。我最難過的，是我突然意識到，我們從來就不是朋友，只是人生中因機緣巧合一起走了一段路而已。

友情裡最殘忍的事實莫過於，在你認為是朋友的人裡，至少有一半的人並不把你當

朋友。

後來，我認識了兩個詞，就慢慢釋懷了好多：一個是「階段性友誼」，一個是「假性親密關係」。

所謂「階段性友誼」，是指對方只是需要一個人陪，需要一個「情緒垃圾桶」，而你是他眼下的一個「還不錯」的選項，因為你離得近，因為你很好說話……所以他以朋友的名義與你結交，一旦不需要你了，就會迅速地離場。

所謂「假性親密關係」，是指當你停止了主動，這段關係就結束了。就像人工智慧，它有問必答，且很有禮貌，但它不會主動開啟聊天，跟你也沒有任何感情。

就像你身邊的同學、同事、飯友，很多就只是一起放學回家、一起上廁所、一起去自習、一起逛街、一起吃飯的「熟人」而已。

不過是「廁所之友」，下課了，明明其中一人不尿急，卻可以忍受廁所的髒亂，陪對方去上廁所。然後你們手挽手，踏著上課的鈴聲，趾高氣揚地往教室走。

不過是「飯友」，到了吃飯時間，不管自己餓不餓，都會等著對方一起去吃飯。然後給對方占位置，交換食物，閒聊同學或同事的八卦，吐槽老師或老闆的不近人情。

不過是「按讚之交」，就是那種不管對方發什麼，先按讚再說。不關心對方為什麼這麼發，也不在乎對方是抱著什麼心情發的，反正就是順手按個讚。

相逢的意義就是互相照亮，分開了，要嘛是獨自走夜路，要嘛換一個人互相照亮，你不能要求一盞燈一直跟著你。

換言之，任何人，在任何時間分道揚鑣，都很正常。這人間本就是混沌局，誰也不多餘，誰也不必需。

你只需記住，一個真心的朋友遠勝千千萬萬個泛泛之交。如何判斷一個朋友是不是真心的朋友呢？

你就看：誰在沒有人信你的時候依然力挺你，誰在你失敗後依然與你並肩同行，誰在你不在場的情況下依然為你辯護，誰在你普通的外表和平凡的身分中還能看到你身上的光，誰希望你獲得更多而不是希望從你身上獲得更多，誰把你的野心或者夢想當成必然會成功的故事，誰真心盼著你好卻不擔心你比他過得好。

(4)

關於友情，有兩組非常清醒的對話。

一組是兩姐妹在臨別之際說的。

A：「就算我們暫時分開，我們也永遠都是好朋友。」

B：「分開後的第一週，我們可能還會擠出時間，週末一起喝咖啡。但過了幾週，你就有別的事情不來，我也有事情不來。然後接下來的幾十年，我們都不會再見面了。」

第二組是兩兄弟在曬太陽的時候閒聊的。

A：「我是你最好的朋友嗎？」

B：「現在是。但曾經不是，將來也無法保證是。」

A：「如果有一天，我們沒有那麼好了，甚至是無法溝通了，你會跟我絕交嗎？」

B：「會。」

A：「如果真有那麼一天，我會很難過。」

B：「我不會太難過，我希望你也不要，因為我們不可避免會遇到下一個更聊得來的朋友。到那時，你不用費盡心思地討好我以維持這段友誼，我也不會絞盡腦汁地迎合你來拯救這份友情。我們不必在一段關係裡委屈自己，我們就跟每個階段的好朋友好好相處，這就夠了。」

祝我們都有一份看不到盡頭的友誼，如果不行，那就提醒自己：所有擁有，都是暫時；所有失去，都是歸還。

既然是故事，就難免有結局。跟這個人的戲殺青了，跟那個人的戲又要開始了。人這一生，不過是迎來送往，而已。

不必糾結於「他怎麼突然就對我沒空了呢？」、「他為什麼聽到我的喜訊不開心呢？」、「以前可以聊通宵的人現在怎麼無話可講了呢？」、「以前天天黏在一起的人怎麼突然就約不到了呢？」、「我做錯了什麼嗎？」……

既不是因為你變勢利了，也不是因為他變薄情了，這是很正常的「自然現象」，就像春天會替代冬天，就像新芽會替代老葉。

既然各自都有了新生活、新同伴，就別再妄圖維持「你尿急，我也尿急」的那種友誼了。

還是那句話：時過境遷卻還要求你們的關係一如從前，這和刻舟求劍有什麼分別？

如果，我是說如果。

如果兩個人在決裂之後都有了更好的人生，那麼「還有沒有聯絡，還是不是朋友」，就都沒那麼重要了。

對待友情最好的心態是：彼此在意，但各自隨意。放棄所有權，享受使用權。

(5)

有的人雖然相見恨晚，卻能幸運地成為一輩子的朋友；有的人雖然多年未見，但再見時還能回到最初的感覺；有的人雖然分隔兩地，卻還活躍在對方的生活裡；而有的人，很可能你們已經見過了這輩子的最後一面。

是你不想要這個好朋友了嗎？當然不是。

那你對好朋友的漸行漸遠就一點責任都沒有嗎？當然也不是。

聊天的話題為什麼總是圍繞你自己？

你一有事情就找朋友傾訴，為什麼朋友找你傾訴時，你那麼不耐煩？

你吐槽成年人的友情都很功利，你有沒有問過自己，你是一個合格的朋友嗎？

你抱怨舊朋友都漸行漸遠，你有反思過自己，你還有趣嗎？你覺得朋友不關心你，你有關心過他嗎？你怪朋友不跟你分享近況，你有主動傳訊息去問候他的近況嗎？沒有，你只會在自己感到孤獨、偶爾想起的時候，假模假樣地問候一下，以展示你是個重感情的人。看到對方的反應沒有你預期的那麼強烈，你就把「關係變淡」的責任全推到對方身上。

你只記得自己發出去卻沒收到回覆的那則留言，卻記不住自己收到了但沒有回覆的留言。

你只記得自己主動問候卻遭到冷落的那句祝福，卻不記得你收到關心卻很敷衍的那句回覆。

關於友情，我想提八個醒：

1. 朋友的朋友不一定是你的朋友，朋友的敵人也不應該是你的敵人。
2. 交朋友一定是為了開心，而不是為了救苦救難。
3. 看法一致並不是友誼長存的必要條件，相互關心和祝福才是。
4. 袒露心聲是一件特別冒險的事，相當於親手遞給對方一把刀，又同時在心裡默默祈禱對方能夠手下留情。所以不要追求「互相坦誠」。尤其是人性上的弱點，你以為對方是朋友就會諒解你、包容你，但也極有可能會因此否定你、輕視你，甚至在翻臉之後攻擊你。
5. 暫時沒有共同話題很正常，感情有起伏也很正常。今年跟你疏遠點，明年和他熱絡點，但只要彼此沒有惡意，並且還能互相關心，這就夠了。
6. 就算是最好的朋友，大多數情況下都會優先考慮他自己。
7. 無論你們的關係在此刻多麼親密，任何人都可能突然改變。

最重要的是——

8. 交到朋友最重要的方法是，你自己要夠朋友。

(6)

很多人都沒有意識到，「常聯絡」其實是一件非常困難的事情。因為一天只有二十四個小時，而人的體力、精力都是有限的，當你到了一個新地方、新環境，你會認識新朋友，會發生新故事，光是去維護新生活就夠你忙碌的了，更別說還要去維繫老朋友。久而久之，你和某某的關係就會從每天一聊變成每週一聊，最後成為通訊錄裡偶爾會說「有空約一下」但實際上再也不會見面的名字。是的，朋友是有賞味期限的。往日的推心置腹隨著時過境遷都一去不返，曾經的相談甚歡也早已變成了如今的兩兩無言。

再回到認識的起點，你們在某個場合，連續幾天或者幾個月有了交集，你和他快速地親密起來，加上聊得來，性格上又相容，你們很快就親暱起來，甚至產生了「這個人是我最好的朋友」之類的結論。

但後來，也許是哪句話沒講清楚，或者是「你覺得我的做法辜負你的好意，我覺得你的態度讓人寒心」，又或者是「各有各的前程要奔赴」，你們分開了。你原本以為

「這輩子都不會分開」的朋友瞬間就變得可有可無了，甚至慢慢都想不起他的名字了。

有可能是，你們從一開始就並不是真的合得來，只是因為你們最好的朋友都不在身邊，而對方只是一個還不錯的替代品。

還有可能是，在那個特定的環境裡，你們只是被動成為朋友的，你們在那個地方好得要命，但其實各回各家之後根本就沒什麼可聊的。

但需要承認的是，當初想做一輩子的朋友是真的，不捨得變成陌生人是真的，對這段關係的結局無能為力也是真的。

所以，不要憑你的一己之力強行維繫一段漸行漸遠的友誼，它的衰敗恰好證明了你們之間有著不可調和的矛盾。

與其等最後互相潑狗血、撕破臉再分開，「漸行漸遠」反倒是兩個人都能接受的「好事」，因為尚未產生恨，因為留住了體面。

也不要因為失去一個舊日好友就耿耿於懷，你弄丟了一些人，也會再遇到一些人；有的人會主動離開你，你也會主動離開一些人。他們做出了他們的選擇，你也做出了你的選擇。大家都沒錯。

這些相遇和別離都是成長的一部分，它預示著：你的生活又刷新了一次。

你只需記住，人和人之間有幾個瞬間就足夠了。比如，壓力巨大時的鼓勵，一時失利後的寬慰，節日裡的互相祝福，生日時的大肆慶祝，假期裡一起出遊，吵架後的相視一笑，被別人誤會了唯獨他還堅信……

對漫長的一生來說，大部分時間都像荒野，一切都暗淡無光，唯有這些瞬間還在閃耀，宣告有份情誼當時在場。

其實呢，有些告別就是不告而別，有些再見就是再也不見，釋懷不是人生的必修課，帶著遺憾繼續往前走才是。

10. 關於戀愛

在這路遙馬急的人間，做個為愛衝鋒的勇士

(1)

為什麼很多人害怕談戀愛？大概是因為：怕遇到的不是那個對的人，怕自己不會經營一段感情，怕受傷，怕爭吵，怕失去，怕遺憾，怕被糊弄，怕對方不是真的喜歡自己，怕對方只是偶爾的好奇。

怕被忽視，怕被輕拿重放，怕冷戰，怕異地，怕不能天長地久，怕熟悉了又變陌生，怕本可以長久的朋友變成老死不相往來的陌生人，怕這世上沒有永垂不朽。

怕自己不夠好，怕自己配不上對方的好，怕辜負了對方的期待，怕給不了對方更好的生活。

怕曾經的痛苦經歷再來一回，怕父母之間的爭吵發生在自己和那個人身上，怕自己沒完沒了地依賴、猜忌，怕對方沒完沒了地干涉、打擊。

怕付出了沒有回報，怕堅持了沒有尊嚴，怕憧憬了但落差太大。

結果是，當幸福來敲門，你說：「放門口吧。」

(2)

有個未經證實的統計，說「三十歲之前開始的戀愛百分之九十九以分手結束」。如果這是手術的失敗率，應該沒有人會冒這個險。可這是「愛情」，所以有那麼多人，那麼莽撞地「躺在手術臺上」，想著「說不定這次我不會死」。

怕就怕，你因為被人傷害過，就懷疑自己配不上任何美好的事物。你不敢動心，不敢主動，不敢觸碰，你怕那些獨自悶在被子裡的夜晚，那些雙目無神地抬頭望天的時刻，那些紅著眼睛長吁短嘆的日子，會再來一遍。

怕就怕，你過於癡迷影劇裡愛情的浪漫，過度憧憬愛情的完美，以至於越來越不滿意現實中的那位。你太過於看重愛情，以至於你喜歡「愛情」這個概念勝過了與你交往的那位。

怕就怕，你什麼都渴望，卻又什麼都畏懼。家裡介紹的不想看，朋友不介紹，自己接觸不到異性。你不出門，不社交，不私聊，彷彿在等一場「入室搶劫」的愛情。

於是，你處處小心、時時提防，以為自己摸清愛情的地雷區，就能避免受傷害。可結果卻是：既相處得不舒服，也愛得沒意思。

因為你的戀愛只有理性，沒有感情；只有說明書式的「條件般不般配」，沒有親身經歷的「靈魂共不共振」；只有功利的計算和刻意的表演，沒有全心的投入和真正的心動。

我想提醒你的是，愛情沒有上上籤，也從來都不保甜。如果為了愛而弄丟自己，那人生未免太過辛苦。但如果因為怕傷害就拒絕愛，那人生又未免有太多遺憾。

既然是愛情，就難免會出現敏感、多疑、占有欲、吃醋、黏人、莫名其妙，也難免會出現害怕、猶疑、畏懼、患得患失……這都是很正常的，不要粗暴地一概而論，然後指責對方「不值得愛」或者「不夠愛」，然後心口不一地說「隨便吧」或者「煩死了」。

如果每段感情都是「不放心，不開心，不甘心」，滿腦子都是「難道是？為什麼？憑什麼？」，那麼你的愛情之路註定是顆粒無收的。

人跟人之間的心動，就像連矇帶猜的考試，你不知道怎麼就考上了。不要想著「等我準備萬全了再考」，你得明白「這考卷毫無規律可言」。

在談戀愛這件事上，我的建議一直都是：喜歡誰就去表白，鬧矛盾了就去溝通。

如果你的想法是：首先要遇到那個可以一輩子不離不棄的人，然後才敢和他談戀愛。那麼你就要反問自己：一個人能不能與自己一輩子不離不棄，這件事只有到死的那天才有答案。在開始的時候，你要怎麼判斷？

如果你的想法是：一定要等自己或者對方是最好的自己時，才去談戀愛。那麼你也要想一想：沒談過戀愛，怎麼知道什麼是「最好的自己」？為什麼不能選擇一起慢慢變好呢？

所以，在這個早就不流行祝人脫單的時代，我還是要祝你戀愛——既祝你有人可愛，又祝你值得被愛。

不要怕相愛，也不要怕忘掉。

與其提防著、孤獨著、遺憾著、糾結著，不如清醒地聯起手來向這個速食愛情橫行的年代宣戰：要拒絕誘惑，要停止猜忌，要放棄改造，要變得堅定，要在這路遙馬急的人間，做個為愛衝鋒的勇士。

(3)

薈少女傳影片給我，一開口就是：「老楊啊，真的不想再談戀愛了，太累了，一吵架，他就跟我講道理，你說男生談個戀愛，怎麼那麼喜歡講道理？」

我回：「講講前因後果，讓我開心一下。」

她嘆了一口氣說：「其實也不是具體哪一件事，就是平時，不管我跟他抱怨哪個人、哪件事，或者說我跟他吵起來了，他都是大段大段的『因為……所以……』，然後給出建議一二三四。我不需要這些大道理，真的很討厭。」

我問：「那吵架的時候，你需要什麼？」

她說：「哄我兩句就好了！」

我笑著問她：「你真的是那種兩句話就能哄好的人嗎？你確定？」

她被我問傻了：「啊？」

我說：「有沒有可能是，他哄了你兩句、三句、四句、五句，你就反問他：『那你說說自己錯哪裡了？』接著，他需要做出一番驚天地、泣鬼神的懺悔。比如，我態度不好，我關心你太少了，我不理解你，我不夠大方……」

她咯咯地笑，然後點了點頭。

我又接著說：「這還沒完，你可能會接著問：『那下次再惹我生氣該怎麼辦？』他就需要『割地、賠款，並簽訂一系列喪權辱國的不平等條約』，包括但不限於賠笑臉、送包包、請吃大餐、不打遊戲、陪你逛街、下樓拿包裹……」

她笑得更大聲了。

我說：「所以你看，哄你兩句，對他來說，代價如此沉重。與其哄你，不如講理。」

戀愛最怕壞邏輯。「他不哄我，一定是不愛我了」、「他不遷就我，一定是變心了」。

照此邏輯，你不跟他講道理，是不是也是不愛他了？

既然你覺得「低頭認錯、道歉哄人」能快速地解決問題，那你為什麼不用？你為什麼不在吵架時主動認錯、服軟，用甜言蜜語去哄對方開心？

你可能會說「因為我咽不下這口氣」。可能在你看來，「明明都是他的錯，為什麼要我認錯」或者是「如果連我的這點小脾氣都無法包容，那他憑什麼說愛我」。

如果我問：「怎麼會全是他的錯呢？」

你可能會辯解說：「我不喜歡跟人講道理，就算並非全是他的錯，就算兩個人都有不對的地方，他也理應包容我。」

在你看來，「我們是在談戀愛，不是在辯論賽」，「如果他無法容忍我的任性，那他就不值得託付終身」。

那麼問題來了，你覺得「我是個公主，他就應該讓著我」。他又何嘗不覺得「我是個王子，我從小到大都沒受過這種氣」呢？

沒有人喜歡被強迫，沒有人喜歡被壓著腦袋認錯。你每一次用發飆來逼著對方屈服，逼著對方包容你的錯誤，甚至是逼著一個自認為沒錯的人來哄你。在你看來，這能證明他對你的愛，但在他看來，這消磨了他對你的愛。

我的意思是，你不喜歡做的事情，也不要逼別人做。

我們都沒有上帝視角，遇到問題一定要及時溝通。

怕就怕，兩個人都等著對方道歉，都不想低頭，都不習慣把話說開；都寧願在背地裡給對方記小帳，無限妖魔化對方；都癡迷於當原告去控訴被告，接著當法官去判對方全責。

但我想提醒你的是，放棄溝通，從某種程度來講，就是在放棄對方。

真相是，誤會不會把人分開，沉默才會。

所以我的建議是，不要用沉默去制裁對方，不要等對方猜自己的心思，要學會把話說開。

它意味著，你既要把自己為什麼這麼覺得、為什麼生氣、為什麼介意、為什麼不喜歡，心平氣和地告訴對方；又要耐心聽對方解釋，試著理解他為什麼那麼想、為什麼那麼做、為什麼那麼說，進而找出你們吵架的根本原因，到底是因為誤會？因為偏見？還是因為態度？

把話說開的目的是「袒露心聲」，而不是「比誰更不怕分開」；是交換觀點，而不是追求「誰說了算」；是為了看到「原來你是這樣，而我是那樣」，而不是為了「你應該跟我一樣」。

(4)

喜歡一個人最大的誠意是什麼？是在這個遍地都是套路和敷衍的世界裡，我願意拿出全部的真心用在你身上，即便我要承擔不被你珍惜、不被你善待的後果。是我保證，和你在一起的時候，我的心裡不會有別人。但如果有一天，我們不能在一起了，我也保證，我的心裡不再有你。

可現實中，我們總是忘記要先把情緒安頓好，再跟對方溝通和解決問題；我們總是喜歡講大人才愛聽的道理，卻忽視了對方心裡的小孩子需要的是溫柔。

結果是，明明相愛的人卻在相互傷害，然後，兩個人頻繁地生氣、冷戰、吵架。

為什麼會這樣？原因常常有三個：

1. 都覺著自己「虧大了」。

談戀愛就像合夥做生意。你覺得一天應該賺五百元，如果只賺了兩百元，你高機率是不會跟人吵的，因為只是收益沒那麼高而已。

但是，如果你每天不僅沒賺錢，還要賠進去兩百元，那遲早會吵起來，因為在你看來，兩個人合夥還不如自己擺攤，至少不賠錢。

人都是這個德行，只要利益受損，就會忙不迭地跟對方爭辯。那到底是誰虧了呢？其實是都虧了。

你們付出了時間、信任、期待，但收穫的只有「我對你太失望了」、「我一看到你就煩」、「你那麼大聲幹嘛」、「我真的受夠了」。

2. 都想把對方改成自己的「理想型」。

改變對方的手段包括但不限於：實施冷暴力，用別人的優點去指責對方的缺點，怒斥對方，頻繁地表達「我對你很失望」，以及從生活的細枝末節裡找證據讓對方感到愧疚……

再配合怨氣滿滿的狠話：「你看看別人，你再看看你。」、「你總是不在乎我的感受，你有把我當個人嗎？」、「如果你再這樣，我們只能分手了……」

於是，很多人窮其一生都在為改造出一個理想的伴侶而努力奮鬥（吵個沒完）。

3.男生和女生本就不是同一個「物種」。

男生想的是：「為什麼你總是無視我說的話？」、「我都在重點詞句上提高了音量，你怎麼聽不懂呢？」、「你怎麼可以這麼不講理？」、「我怎麼講道理你都不聽，你就是想跟我吵架。」

女生想的是：「要說話也得好好說，你這是什麼態度？」、「你那麼大聲音幹嘛？你再兇我試試看？」、「你這是商量的態度嗎？」、「月亮不圓我都能生氣，你竟然還跟我講道理？」

也就是說，愛一個人不難，難的是在雞零狗碎的生活中，包容和接受另一個人的參與。

與其幻想「相愛的人怎樣才能不吵架」，不如想一想「相愛的人如何有效地吵架」。有六個方法可供參考：

1.要跟自己核對一下「我到底是因為什麼生氣」。是人格、愛好、職業、社交、獨立空間沒有被尊重？是優點、積極的情緒、個人的喜好沒有被關注？是缺點、負面情緒、糟糕的家人沒有被接納？是陪伴、安慰的需求沒有被滿足？是承諾沒有兌現？

然後，你才能抓住重點，在接下來的吵架中和對方一起解決問題。

2. 要溝通，溝通其實包括兩個方面：一是表達，二是傾聽。

所謂「表達」就是，你能不能把自己的需求講清楚，用對方能聽明白的方式表達出來，並且主動去爭取對方的理解與支持。

所謂「傾聽」就是，對方有了不同的想法，你能不能冷靜地聽完解釋，並試圖去理解他為什麼會這麼想。

3. 要直截了當，不要拐彎抹角。

你要明白，戀愛中人都是笨蛋，即便是愛因斯坦或者佛洛伊德，看著沉默不語的你，他們也不知道你想幹嘛。所以，有什麼事情就用嘴說，而不是哼唧、翻白眼、甩臉子。

4. 察覺對方有了服軟的態度，就要給個臺階下。

「看在你長得這麼帥的分上，你幫我按摩五分鐘，我就不生氣了。」

「看在你做飯那麼好吃的分上，你為我做一頓紅燒肉，我就不生氣了。」

「唉，還是不太高興，但如果睡前講小兔子小狐狸的故事給我聽，我就會高興一點點。」

給對方臺階，就是給自己臺階，也是給你們的愛情一個臺階。

5. 要勤講情話，不要故作矜持。

不表達是會積累陌生感的。所以，說出「我喜歡你」、「我好喜歡你」、「我超喜歡你」，說出「我想你了」、「我又想你了」、「我真的好想你」，說出「要親親」、「要抱抱」。

所謂愛情，就是不停地往火裡添柴。

6. 要多見面，沒機會就創造機會，沒時間就擠時間。

切記，想念是無法降解的塑膠，見面是枯木逢春的解藥。

(5)

我知道，這個年紀的你，內心很酷，渾身散發著一種「即便明天別人從我的生活中抽身而去，我也能全身而退」的感覺。

我明白，你只想「被愛」，不想被傷害。就像你想要沒有糖的可樂、沒有酒精的啤酒，你只想獲得好處，卻不願意承擔風險。

我承認，談戀愛是一件很麻煩的事情。主動就說你渣，不主動就說你不識抬舉，迎合就說你是舔狗，不迎合就說你裝。

於是，有人得意揚揚地說：「我一個人吃飯，睡覺，看書，逛街，不需要顧及別人的感受，不需要被誰限制自由，餓了可以叫上三五好友去吃串燒，悶了可以開啟一個人說走就走的旅行，懶了可以在床上蝸居追劇一整天，這樣自由自在的生活，我為什麼要談戀愛？」

我想說的是，你當然可以一個人做飯、吃飯，但如果有一個喜歡的人在旁邊誇你做得很讚，那麼這頓飯不僅能餵飽你的胃，還能餵飽你的靈魂。

你當然可以獨自一人度過一整天，如果有一個喜歡的人陪在身邊，那麼這一天的每一件事、遇到的每一個人都是在發光的。

你當然可以單槍匹馬地走進這風雨江湖裡，但如果有一個喜歡的人和你並肩，那麼即便是在江湖漂泊，也可以隨遇而安。

當你遇到了那個心動的人，你才能明白愛情是多麼地不可思議。因為這個人的出現，能讓你歡欣雀躍地飛奔千里去見上一面，能讓你抓心撓肝地在路口踮腳張望，能讓你有勇氣在餘生只對著同一張臉，能讓你忍不住地撒嬌、想笑、犯傻，能讓你因為他的一句話就在心裡放一整天的煙火，能讓你因為他的一個眼神就樂得屁顛屁顛的，能讓你在覺得辛苦的時候因為想起了他的臉而瞬間充滿力量，能讓你在快要敗給其他誘惑的時候因為想起他的好而變得更堅定，能讓你因為這個人的存在而覺得不虛人間此行。

所以，不要因為想談戀愛而去談戀愛，要因為喜歡。就是遇到了，心動了，沒辦法停下來；就是想好了，在一起了，想方設法地還要在一起；就是你所有的「想一齣是一齣」，都能被他穩穩地接住；就是「斯人若彩虹，遇上方知有」。

關於談戀愛，我還要提五個醒：

1. 不要總盯著遇見他之後自己虧了什麼，也可以想想他遇見你之後遭受的「無妄之災」。

比如你在廚房裡手忙腳亂，喊他幫忙遞一下紙巾，他問你：「紙巾在哪裡？」你心情好的時候會說：「呆呆傻傻的，什麼都不知道，這笨蛋可愛死了。」可當你心情不好的時候，你可能會對著他吼：「在我腦袋上！在電鍋裡！你去翻啊！」

2. 你可以是個主動表達愛的人，但不要勉強對方也必須這樣。

原生家庭很溫馨的人，可以很輕鬆地做到不帶怨氣地表達自己的需要，被拒絕了也不會羞恥或者憤怒。但對於原生家庭很糟糕的人來說，在他的成長環境中，批評、指責是張口就來，說「我愛你」、「我需要你」的時候，就像是被人扼住了喉嚨。

3. 少看關於愛情的分析，多問問自己內心的感受。

「早安」和「晚安」各有什麼言外之意？下班後的「在嗎」、「去看電影嗎」都有什麼企圖？有沒有在吃飯的時候幫我挪椅子？有沒有在上下車的時候給我開車門？記不記得我喜歡的菜品、飲品或者電影類型？

這些沒那麼要緊，真正要緊的是：你喜不喜歡跟他在一起時的自己。

4. 要有自己的生活，不能一天到晚圍著戀人打轉。

男女之間保持吸引力的關鍵，不是一天到晚膩在一起，而是各有各的事情要做。

談戀愛嘛，當然是想談的時候談，但沒必要天天談，天天談那不是上班嗎？

5. 不要想太多，也不必想太遠。

人怎麼活都會老、會死，筵席再盛大也總是要散，與其為結局擔驚受怕，不如用最真的心和最大的努力來享受在一起的每分每秒。

其實呢，人與人在相遇時，緣分就已經用完了，往後能走多遠，全靠人為。

11. 關於父母

孩子的不凡，來自父母的不厭其煩

(1)

知乎上有個提問：「都說寒門難再出貴子，那普通家庭的父母，能為孩子做什麼呢？」

讚數最高的回答是：「一個正常的、溫馨的、寬鬆的童年，其實是你能給孩子的最珍貴的禮物。」

比如說：

多帶孩子吃點好吃的，如果可以，多給他們做點好吃的；多陪孩子打打遊戲，如果可以，多讓他們贏幾次；多瞭解孩子正在追的明星或影視劇，而不是排斥或者嘲諷他們的喜好；多帶孩子去遠方，如果條件有限，多陪他們在家附近走走；多跟孩子探討周圍的人、事、物，用交換意見的方式，而不是單方面的言之鑿鑿；多陪他們聊他們感興趣的天，而不是只講正確的大道理；多鼓勵孩子，而不是打擊、忽略、輕視；多站在孩子的立場考慮問題，而不是以過來人的身分自居；多用孩子的視角來看待問題，而不是居高臨下地審判；多在孩子的內心儲存美好的體驗，用以抵禦人生的風雨，而不是用讓孩子受盡苦頭的方式來提升所謂的抗挫力；多用孩子覺得好的方式去愛他們，而不是用父母覺得好的方式去愛他們。

是的，孩子的不凡，來自父母的不厭其煩。

事實上，並不是堅強的人就會獨立，而是被好好愛過的人才會獨立。孩子在童年時「如何被父母愛」，為他們將來「如何愛自己」和「如何愛別人」設定了範本。

再直白一點的說法是，只有吃過糖的孩子才知道甜的滋味，只有從小幸福過的孩子長大了才有幸福的能力。

(2)

有的人回家過年，就需要看一次心理醫生。而有的人回家過年，就相當於看了一次心理醫生。

娟子屬於後者。讀書的時候，她的數學很差，最糟糕的一次只得了十六分，全校倒數第一。老師被氣炸了，衝著她吼：「閉著眼睛寫，也不只這點分數啊！」說完還請了家長，她以為那個晚上會挨罵，但爸爸媽媽接她放學之後，照常帶她去上了畫畫課。媽媽像往常一樣誇了她那幅畫的構圖，爸爸像往常一樣提出了一點點專業的建議。

也就是說，那次倒數第一絲毫沒有影響到他們的親密無間，也絲毫沒有影響到她做別的事情的信心。

她曾問過爸爸：「你當年是學霸，真的不對我的表現失望嗎？」

她爸爸樂呵呵地說：「不失望，驕傲著呢。你畫的畫，全校都有名；你拍的照片，分享次數都破千了。你擅長的地方在別處，只是暫時遮罩了課本上的知識而已。」

她也問過媽媽：「我次次考得那麼差，你們真的不生氣嗎？」

她媽媽的回答能讓她記一輩子：「不生氣啊，你只是寫錯答案，又不是做錯人；你只是學渣，又不是人渣；你只是榜上無名，又不是腳下無路。」

後來去外地工作，有個煩人的親戚在過年的時候當眾催婚。她對娟子說：「你都快三十歲的人了，就別挑三揀四了，要不大姑姑幫你介紹一個，歲數是大了點，但至少四肢健全。」

娟子氣得牙癢癢，可還沒等她發作，她的媽媽就站了出來：「大姑姑，您知道您姪女為什麼過年不愛回家嗎？您姪女都跟我講了，說實在不想看到您，說在您的眼裡，無論她混得多好，都像是一頭母豬，您只關心兩件事：是不是胖了，有沒有公豬配。我女兒什麼時候嫁人是她的事，用不著您來操心。」

還有一次是娟子辭職，那個煩人的親戚竟然在親戚群組裡「關心」她：「你怎麼這麼不懂事呢？現在工作這麼難找，你還以為你是個孩子嗎？」

娟子沒理她，直接把她踢出了群組。另一個親戚出來打圓場：「別這樣，都是親戚，在群裡聊聊家常，別鬧得太僵。」說完又把那個人拉了回來。

結果那個煩人的親戚又陰陽怪氣地說了一大堆：「真厲害呀，一點面子也不給，一句話都說不得了！」、「我是關心你，你聽不出來嗎？」、「像三歲小孩似的，說兩句就翻臉。」

娟子還是沒理她，結果那個人補了一句：「這麼有能耐，把我們這些親戚都踢了吧。」

娟子馬上回覆道：「真是個好主意。」說完就解散了那個群。

十秒鐘後，娟子的媽媽傳了一長串的大拇指貼圖給她，爸爸則傳了一個超大的紅包，備註是：「唯願我兒愚且魯，無災無難，大把閒情。」

人在落寞的時候，腦子會不由自主地蹦出一句「想回家」。但這個家並不是現實裡那個家，而是想像中的那個安全、自在、有人支持、有人疼愛的地方。回家的意義，就是長大的我們還能再當一下小孩。

家，應該是子女的防空洞，不該是他們的另一個戰場。畢竟，這個世界教他們長大的人太多了，而真心愛護他們的人太少了。

如此說來，讓人放心當小孩的地方，才是家。

(3)

每當有家長向我吐槽他家的孩子笨，我就會跟他分享一段超可愛的對話。

男孩：「如果我考上清華大學呢？」

媽媽：「那媽媽就會為你驕傲。」

男孩：「考上北京大學呢？」

媽媽：「一樣很驕傲。」

男孩：「那如果我烤上地瓜呢？」

媽媽：「烤上了地瓜啊，如果你把地瓜烤得又香又軟又甜的話，我也會為你驕傲呀。」

男孩：「以後我就當個烤地瓜的老闆。」
媽媽：「哈哈哈！恭喜你有了新的願望。」

嗯，如果孩子必須聽父母的話，那麼孩子就得過早地長大；如果父母能聽孩子的話，那麼父母就能重返童年。

在幸福的家庭裡長大的孩子，就算日後是社會的邊角料，也依然是父母的驕傲，這類人的身上會流露著強大的自信和一輩子都用不完的安全感，他不怕比別人差，也不在乎有沒有人愛，因為他不缺愛。

反之，在沒那麼幸福的家庭裡長大的孩子往往很缺愛，其典型的表現是自卑、敏感、渴望被愛、渴望被認可。因為在他受委屈、受挫折的時候，沒有爸爸為他撐腰壯膽、為他出頭，也沒有媽媽的溫柔呵護和細心開導，所以他的成長之路非常辛苦，別人稍微對他好一點，他馬上就會傾其所有地對人掏心掏肺，根本就判斷不了對方究竟是人是鬼。

在愛裡長大的孩子，就算迷路，也像是旅途。而在缺愛的家庭裡長大的孩子，就算是吃喝不愁，實際上還缺很多東西。

缺來自父母的維護。

有小朋友搶玩具，子女不想給，父母卻說：「你是個大孩子，讓給小朋友是應該的。」

有親戚詆毀子女的選擇，子女翻臉了，父母卻說：「人家是為了你好，你不要無理取鬧。」

有人欺負他們，他們很委屈，父母卻說：「要多從自己身上找找原因，為什麼他只欺負你。」

被比下去了，他們很難過，父母卻說：「不爭氣的東西，就知道哭。」

缺基本的社會常識。

沒有人教他們怎麼辦信用卡，怎麼坐捷運、火車、飛機，怎麼規劃行程路線，怎麼點菜，怎麼找飯店，怎麼租房子，怎麼跟人打交道。也沒有人教他們友誼破裂、感情受挫、親人離世、寵物生病、被欺凌、憂鬱焦慮、孤獨寂寞、壓力山大時該怎麼辦。

缺對社會規則的瞭解，所以他們時常遇到「被人賣了還替人數錢」的狗血劇情。

缺對親密關係的認知，所以遇到了喜歡的人，他們也始終保持著距離，因為他們不知道怎麼跟人相處，怎麼打交道，怎麼處理矛盾。

缺對人生的長遠規劃，他們的追求只停在了「考上一所好大學」，然後就不知道做什麼了，所以他們的工作換得那麼頻繁，心態那麼慌亂，步伐那麼著急。

缺對自我的正確認知，所以他們有時候很自戀，有時候又很自卑；有時候盲目樂觀，有時候又過分地自我貶低。

還缺對生活的熱情，所以他們吃什麼都沒胃口，做什麼都覺得沒意思，去哪裡都打不起精神來。

結果是，越長大越難過，逐漸變得悲觀、厭世、膽小、怯懦、偏激、社恐、壓抑、彆扭，時常捂著四面漏風的心站在人生的十字路口，失魂落魄，不知道該何去何從。

所以，想給為人父母的提五個醒：

1. 不要拿恩情來綁架孩子，也別盼著孩子知恩圖報。

不要再向孩子灌輸「孩子的生日，娘的苦日」、「我活成這樣，全都是為了你」之類的言論。這只會讓孩子愧疚，很難讓他快樂。

你得明白，生他並沒有經過他的同意。萬一他從來都不覺得「被你生出來是一件幸福的事」呢？

無奈的是，這世上少見的是知恩圖報，常見的是施恩圖報。

2. 不要因生活的不如意遷怒孩子。

有的父母在外承受了壓力，轉身就把怒氣宣洩到孩子身上，不聽話就發火，作業寫錯了就發火，飯菜掉桌子上了也發火，當時覺得「是孩子欠收拾」，但父母意識不到的是，從小看父母臉色長大的孩子，人生就像是中了某種詛咒，一旦遇到誰情緒失控，誰臉色不好，就會習慣性地認為「肯定是因為我」、「肯定是我的錯」。

3. 不要試圖控制孩子，那只會讓他們拚命想逃。

就像電影《淑女鳥》的女主角對她生母說的那樣：「給我一個數字，養大我到底要花多少錢。我會長大，然後賺錢，把我欠你的，用一張支票還清，這樣我就再也不用和你說話。」

4. 不要過度地糾正孩子，如果連父母都無法包容子女的錯誤和缺點，那這個世界還有誰會包容他們？

很多家庭是，孩子一篇文章背不下來就罵半天，排名降一點就吼半天，遇到熟人沒打招呼就嘮叨半天。結果是，父母以為的「為你好」更像是一種攻擊，父母以為的愛恰恰成了一種壓力。

5. 不要把孩子當成自己人生的延長賽，要過好自己的人生。別怕老師打電話，別怕孩子不及格，別怕他們以後沒人愛，你要多享樂，少費神。

希望你的孩子能有一種自信：「我的爸爸媽媽跟我是一夥的，只要我有理，我解決不了的問題，我的爸爸媽媽一定能解決。」

希望你的孩子回憶你的時候，評價是：「我的爸爸媽媽一生平靜而快樂，他們是幸福的人。」而不是：「我的爸爸媽媽一生窮困潦倒，他們是堅強的人。」

哦，對了，假如你愛旅遊，經常帶孩子出去玩，卻有人跑來「糾正」你：「帶小孩子旅遊根本就不算見世面，既鍛煉不了什麼能力，也長不了什麼見識，因為吃穿住行都是大人安排好的，出去玩也不過是去景點拍拍照片，轉一下就回飯店了，就像一架相機去外地轉了一圈，有什麼意義呢？」

你就大大方方地告訴那個人：「是我想出去玩，順便帶著孩子。」

(4)

《我與地壇》裡有一個小片段。史鐵生當年總是獨自跑到地壇去玩，母親總是擔心他。後來他雙腿癱瘓了，再也不願意出門，母親卻一遍又一遍地問：「北海的菊花開了，我推著你去看看吧。」

但史鐵生總是拒絕，終於有一天答應了，可母親已病入膏肓無法赴約。母親去世後，他突然懂了：「兒子的不幸在母親那裡總是要加倍的。」

對世界來說，你只是芸芸眾生中的一員，但對父母來說，你是全世界。

父母與子女之間的愛常常夾雜著誤會和不滿，所以家人之間的愛是沒辦法非黑即白的，在相互依存的同時，相互磨損，也相互修補。

比如說，你討厭父母的迂腐和閉塞，卻又心疼他們的辛苦和操勞。

你怨恨他們不理解你、不支持你，卻又心疼他們什麼苦都吃了、什麼好都給了你。

你總跟他們頂嘴，也總在夜深人靜的時候暗下決心要賺好多錢給他們花。

有時候，你明明是在表達感受，他們可能覺得你是在指責他們。比如你說：「你這樣講，我覺得很難過。」他們就會說：「還不讓人說了啊？那好，以後你的事，我都閉嘴。」

有時候，你明明是在表達需求，他們可能覺得你是在表達不滿。比如你說：「能不能讓我一個人靜一靜？可以尊重我的選擇嗎？」他們會說：「你這是什麼意思？對父母就是這種態度嗎？」

總之，你的話，他們都聽見了，但得出的結論完全不是你想表達的，他們聽到的只是你對他們的「不滿」、「不爽」，甚至是「攻擊」。

他們的好，你全都知道，你的感受卻不是他們以為的，你感受到的只是他們對你的「束縛」、「勉強」，甚至是「脅迫」。

有時候，你會討厭他們的過度干涉和不領情，但理智讓你沒辦法真的跟他們反目成仇。

有時候，你會覺得很內疚，尤其是看到他們日漸衰老的身體、新增的皺紋和鬢角的白髮。

結果是，你的身體裡住著兩個你，一個想回家，一個想遠行。那麼問題來了：是父母心理扭曲，所以不好好說話，不允許子女過得開心嗎？

當然不是，很多父母只是習慣了「凡事優先展示自己的感受」，而非「照顧對方的感受」。

是父母不喜歡繁華的都市、高級的食材、舒適的生活嗎？

當然不是，只是他們過慣了勤儉的生活，只是他們一輩子都待在一個固定的圈子裡，造就了如今狹隘或者貧瘠的精神世界，所以他們既接受不了，也欣賞不了任何美好且昂貴的東西。是父母不愛你了嗎？

當然也不是。他們親自參與並見證了你的成長，從哇哇大哭到咿呀學語，從蹣跚學步到健步如飛，小時候天天盼著你快點長大，當看到你真的長大了，越來越不需要他們的時候，他們又在心裡悄悄祈禱：「時光啊，你慢點走吧，我還想多陪陪他。」

他們只是希望自己對你還有用處，希望自己還能被你重視和需要，他們不願意接受「已經老了」的事實，也不甘心承認你的「翅膀硬了」的事實。

很多時候，他們只顧著表達對你的愛，只顧著強調對你的付出，只想看到你變成他們希望的、近乎完美的樣子，只盼著你過得好、生活幸福，卻忽略了你的三觀跟他們有著很大的不同，你有很多他們理解不了但你覺得「這沒什麼」的小缺點，你的生活有很多他們不知道，也沒辦法知道的小麻煩。

他們糟糕的表現讓你忘了一個事實：這個世界，最愛公主的不是王子，而是國王。

成長最重要的事情之一就是學著跟父母和解。

我所說的「和解」，不是委屈自己去迎合父母，而是不再試圖改變他們，不再期望得到他們的理解和認可。你用你自己的方式表達感激，你可以送他們禮物，可以帶他們出遊，可以為他們提供更優渥的物質生活，但同時允許他們不接受、不理解、不認可，要允許他們還是像以前那樣固執、偏激、節儉、狹隘……

也就是說，不和父母糾纏，就是在跟父母和解。

所以我的建議是，多誇誇父母，多麻煩父母，在他們力所能及的範圍內「多用用他們」，比如讓他們做你愛吃的飯菜，拜託他們幫忙養一盆花、一缸魚、一隻狗，讓他們覺得自己還有用，這是為人子女能夠提供的、最簡單卻也最有效的孝順。

多記錄父母的日常，多去瞭解父母的過往，多採訪他們，不停問問題，問經歷，問遺憾，問感受，問美好，問他們的一切，你會有驚人的收穫。

多向父母展示你此時的美好和幸福，多帶父母去認識這個世界的新鮮和豐富，而不是嫌棄他們的沒見識和不圓融。

父母與子女之間最好的狀態是：親密但仍保有界限，孝順但不事事盲從。

哦，對了，跟媽媽吐槽爸爸，或者跟爸爸吐槽媽媽時，一定要收斂一點，不要太放肆，否則的話，你們說著說著就變成了「你這樣說你爸（媽），有點過分了啊」。

12. 關於愛情
真心本就瞬息萬變，愛到最後全憑良心

(1)

愛是一生的追問，歸根結底其實是兩個問題：我今天還愛他嗎？我今天還值得被愛嗎？

關於愛情的建議，歸根結底其實也是兩句話：去愛一個本身就很好的人。去成為一個本身就很好的人。

不要只圖別人對你的好，要圖他本來就很好。因為心動會歸於平靜，新鮮感會消失，激情會散去，但一個人的責任感、家風、教養、人品、習慣、上進心是不會輕易改變的。

不要盼著愛情能拯救自己，要努力變成更好的自己，好到可以坦然地接受別人的愛，好到可以不用擔心這份愛的有效期，好到像禮物一樣出現在別人的生命裡。

怕就怕，你剛打算墜入愛河，河神就趕緊提醒你：「不要把垃圾丟進河裡！」

(2)

一個網友跟我講了一個故事。有一對夫妻在大街上吵起來了，起因是女的想喝一杯飲料，男的死活不讓她喝。

女的說：「我自己掏錢買，這總行了吧！」

男的依然不讓她喝，還扯著嗓門喊：「這種垃圾東西，一匙香精加上水，就要四十元，傻子才喝，我可不能看著你被人騙，它根本就不值這個錢。」

女的嫌丟臉，不買了，然後就回家了。可這男的不依不饒，非要女的承認花四十元買飲料是很蠢的事情。女的拒不承認，男的就一直扯。

最後，兩個人像壞掉的錄音機一樣，男的反覆說：「這垃圾東西怎麼就值四十元？」

女的反覆說：「我自己賺的錢！」

後來，兩人離婚了，男的又娶了一個，後妻幾乎什麼事都順著男的。

有一天，他們帶著三歲的女兒逛街，女兒看上了一個公主皇冠，大概四百元，當時他們倆的月薪超過了八萬元，花四百元毫無壓力。

女兒平時很乖巧，那天卻很倔強，非要買那個皇冠。後妻心軟了，提議買給孩子，這男的瞬間就怒了：「這破東西根本就不值四百元！」

結果是，女兒在地上號啕大哭，後妻心疼得直掉眼淚，而這個男的只是在重複著說：「這破東西根本就不值四百元！」

是的，就算「那東西」確實不值那個錢，但在聽的人看來，他言之鑿鑿、不近人情的樣子更像是在說：「你不值那個錢。」

愛情最浪漫的地方不是風花雪月或者海誓山盟，而是「你能懂我」和「你能挺我」。

怕就怕，有的人明明幸運地擁有了一桌子好菜，可以愉快地吃他自己喜歡的東西，可他偏不，非要別人也跟他一樣，別人不肯，他就把桌子翻了，菜灑一地。

成年人像小孩子很可愛，真把自己當小孩子很可怕。

兩個人相處，有摩擦是很正常的，但摩擦不等於傷害。你不認同我的觀點，我不認同你的觀點，然後我們吵架或者冷戰，這叫摩擦。但是，我做什麼你都瞧不上，我說什麼你都不認可，我想幹什麼你都認定了我幹不好，這就叫傷害。

摩擦和傷害最大的區別是，摩擦不會產生自我厭惡，但傷害會讓人覺得「我很糟糕」。

比如說，你和他唇槍舌劍吵了一下午，你會覺得自己是個廢物嗎？你不會，你只會覺得他是個智障。

需要特別提醒的是，當兩個人意見不統一時，你不是只有「接受對方說的」和「掀桌子」這兩種選擇，還有一個互相調試的選項。

比如說，你可以給我建議，我可以不聽；我可以提反對意見，你也可以不接受。兩個人要允許彼此把真實的想法講出來，然後調整、配合。

就像是兩人共騎一臺車，不是你擠到我了，我就得忍著或者直接把你踹下去，還有一種方案是我告訴你「你壓到我的肉了」，然後我們透過調整位置來讓兩個人都坐得舒服。

健康的愛情應該是這樣的：你們不會因錯誤或缺點去羞辱對方，不會用漫長的沉默去折磨對方，也不會用咄咄逼人的氣勢去控制對方，而是會傾聽，會回應，會有耐心。

你們的溝通很順暢，而不是凡事都靠猜。

你們確信對方對自己的好，是自己應得的，同時也明白對方對自己的好，不是理所應當的。

你們有能力付出愛，也有底氣接受愛。

你們知道自己的優缺點，也瞭解對方的優缺點，所以不會居高臨下，也不會妄自菲薄。

你們不審視對方，不考核對方，只是陪著。

你們不用時刻想著要解釋、要遷就、要讓步。即便是做出了一定程度的妥協，你們也不會覺得這是在犧牲自己。

你們喜歡當前的生活，而不是寄望於「明天一定會好起來的」。

你們能夠表達自己的真實感受，不用為了虛假的安寧而掩飾自己的真實需求。

你們會為對方的成長感到高興，不會擔心自己被比下去了。你們會感覺到自己是被愛的，雖然有時候根本就搞不清楚自己到底哪裡可愛了。

你們喜歡和對方在一起時的自己。

讀到這裡的時候，你們的腦海裡恰好出現了對方的臉。

談戀愛是為了變回小朋友的，而不是為了把自己逼成一個瘋癲的大人。如果在一起反而讓彼此喘不過氣，讓彼此活得更消極，那這戀愛，不談也罷。

(3)

再來聊一個有意思的問題：為什麼要用千里馬送信，而用老牛拉車？一個很重要的原因是，「牠們是那塊料」。

選擇人生伴侶也是如此，如果一開始只看他對你的好，只在乎他對你的熱情，完全不考察他的責任心，他的原生家庭，他對待感情、異性、婚姻的態度，他的三觀和品德，你就很容易選錯「材料」，那你就別抱怨結婚後的他或者好吃懶做，或者重男輕女，或者脾氣暴躁，或者天天只顧著打遊戲……

殘酷的現實是，你嫁的不只是愛情，還有他和他全家人的良心。

很多婚姻失敗、感情不和的案例，都是因為一開始就錯了。結婚前，你明明看到對方有你無法忍受的缺點，但別人勸你「結婚就好了」，你也以為「人是會變的」，然而這並不現實。

現實是，婚前花心的人，婚後並沒有痛改前非，反而會抱怨婚姻束縛了自己；婚前酗酒的人，婚後並沒有收斂，反而出現了家暴傾向；婚前啃老的人，婚後並沒有努力進取，反而更加遊手好閒。

你可能會怨聲載道：「我當初怎麼會瞎了眼，嫁給這種人？」其實你當初沒有瞎，你知道他有這樣那樣的缺點，只不過你被他當時表現出來的熱情、某一個優點、幾句誓言給誆住了，以為自己能忍得了，以為自己有辦法搞定。

從這個角度說，你此時的懊悔不過是在為曾經的幼稚、無知和貪心買單罷了。

很多女生說男生騙她戀愛、結婚，之前都是演的，到手了就變心。

實際上，別人不是演的，只是當時他想追你，荷爾蒙控制了他，所以他願意坐一晚上火車跑到你的城市看你，所以他願意大半夜跨越半座城市幫你送感冒藥，所以他願意在眾目睽睽之下幫你綁鞋帶……

等荷爾蒙的作用結束了，新鮮感消失了，熱情沒了，他就不願意為你做這些事情了。

愛是誠誠懇懇、相濡以沫，也是山高路遠、全憑良心。

愛情長久的祕密，不是兩情相悅就夠了，還需要兩個人都有良心，需要兩個人都明白責任和承諾的分量。等到某一天，就算耗光了熱情和新鮮感，依然還能有人品和責任心來支撐；就算不能走到最後，你們也依然會慶幸遇到過彼此。

所以我的建議是，不要找一個對你好的人，要找一個本身就很好的人。他有獨立的思考和生活、穩定的收入和情緒、志同道合的朋友、非常著迷的愛好，後來才出現的你，只是他的錦上添花。

不要只愛一個身體或者一張臉，也不要只愛戀愛的感覺，不管你是始於什麼開始一段關係，最後都是要終於人品的。越是好的品質，越是沒有人能夠長期偽裝。比如情緒穩定、積極樂觀、踏實努力、善良厚道。

不要僅憑他光鮮的外表或者溫柔的聲音就淪陷了，要去瞭解他的人際關係、工作內容、生活圈子，要親眼看看他的朋友都是怎樣的人，他的爸爸是如何對待他媽媽的；要和他聊男女平等的問題、聊對婚姻的看法、聊人生的規劃、聊兩個人以及兩個家庭該如何溝通和相處。

不要試圖用愛情去改變一個人，不要妄圖包容你根本就受不了的缺點。因為改變他，違背了他的本性；而包容他，違背了你的本性。就算你們勉強在一起，也只是待在一段不開心、不符合本性的關係裡。

除此之外，要盡量避開那種心窮的人，否則你就得承擔他的無知、狹隘，以及糟糕的邏輯。

還要盡量避開那種虛榮的人，否則你會成為他虛榮的一部分——你好的時候，他拿你炫耀；你不好的時候，他覺得你噁心。

不成熟的時候，你往往是只需一眼就墜入愛河，但成熟之後，你會在弄清了水的深淺之後再決定是否跳入其中。

(4)

有個女生用小帳問我：「老楊啊，我根本就感覺不到我男朋友愛我，我都為他吃避孕藥了，他還是像以前一樣冷淡。我跟他提分手，他不說同意，也沒說不同意，就是沉默。他怎麼可以這樣對我？」

我回：「你為他做了什麼，和他應該怎樣對你，這是兩件事。你要為你的決定負責，但最好不要因此就覺得他必須怎樣。愛是願意，不是應該。」

她又問：「我為他吃了那麼多苦，他一點都不感動嗎？」

我回：「感情不會以你受了多少委屈來彰顯。你千里送來的鵝毛，對方壓根就不在乎，那你憑什麼要求別人對你感激不盡？」

她好久之後又問了一句：「那我該怎麼辦呢？」

我認真地敲了一段話給她：「當然是好好愛自己，健身、學習、好好讀書、努力賺錢、穩定情緒、多出去走走。變成更好的自己，才是被愛的籌碼。」

我的意思是，你愛他，是因為你覺得他好，而不是因為你好。你想要被愛，最好是因為你本身值得愛，而不是把它當成對方的任務。

不管你想不想談戀愛，我都要給你提八個醒：

1. 大部分人所謂的「我愛你」，其實是「你得愛我」、「你得再多愛我」、「你得再對我好一點」。說得再直白一點就是，大部分人只是想占更多的便宜，最好是堂而皇之當巨嬰。

但實際上，「我愛你」的意思是「我想讓你開心」，而不是「你得讓我開心」。

所以，盡量不要說「我這麼愛你」、「我為你做了那麼多」之類的話，因為這種話就像是糟糕的咒語，一旦念出，就會脫口而出另一句——「你卻沒為我做什麼」。

2. 一輩子都要覺得自己是值得被愛的，而不是只有在被愛時才覺得自己可愛。

在很多人的認知裡，被愛是有條件的。自己必須足夠好，足夠乖，足夠優秀，才可以得到「摸摸頭」、「牽牽手」、「舉高高」的獎勵。於是，你不停地討好，努力想表現自己，以此來換取一丁點的愛。就像小時候，你要考一百分來換一頓麥當勞那樣。

3. 人都是越被愛越可愛的。

不健康的愛會讓你面目可憎，讓你易燃易爆易受潮，而健康的愛會讓你自覺矜貴，讓你更放鬆、更溫和、更開心。

所以，一定要遠離那些讓你焦慮、潑你冷水、滅你自信、讓你尷尬、讓你煩惱比快樂多的人，要多和那些陪你成長、真心讚美你、尊重你、維護你的人一起玩。

早就有人說了：人如果被好好愛著，就不會皺巴巴的。

4. 有時候，真正難相處的，其實是我們自己。

所有的親密關係，歸根結底是你和自己的關係。如果你不清楚自身有哪些臭毛病，不知道自己到底想要什麼樣的愛情，不知道擁有愛情是為了什麼，那麼你一定會經歷一個「跟誰談戀愛都水土不服」的痛苦階段。

如果你整天討厭這個、討厭那個，也許你真正討厭的是你自己。

5. 真正的門當戶對，是精神上的勢均力敵。

不要因為對方優秀就自慚形穢，也不要因為對方有不足就趾高氣揚；不要在別人那裡找快樂，也不要在別人那裡要尊嚴。要活在自己的一方天地裡，要將裁量生活的權利牢牢握在自己手裡，要相信自己是值得被愛的，也要相信對方值得愛。

在愛情裡面，一切的「相信」都歸於你對自己的相信，一切的「懷疑」都歸於你對自我的懷疑。

6. 我們既需要拒絕別人的勇氣，更需要被人拒絕時的清醒。愛上一個不可能的人，感覺就像是，你只有三百塊，卻看上了三萬塊的東西。

不清醒，你就會對他人失望，失望於對方的有眼無珠或者勢利眼，失望於自己的懷才不遇或者生不逢時，就容易把一無所有的溫柔和一貧如洗的真心當成是「純愛」。

還記得《武林外傳》裡的那個片段嗎？

女：「你帥嗎？」男搖頭。

女：「你有錢嗎？」男搖頭。

女：「你有前途嗎？」男搖頭。

女：「那你憑什麼說你想我？」

男生激動地說：「憑我這顆真心！」女生反手就是一耳光。

7.「等一個更好的人」遠不如「變成更好的自己」。

親戚朋友給你介紹物件，有時候會介紹年齡大的、條件差的、長得醜的，不一定是有意侮辱你，而是在他看來，你目前的條件只配得上那樣的。

換句話說，如果你不能提升自己，你很可能遇不到讓你滿意的另一半，因為你在媒婆心裡的樣子，決定了媒婆會安排什麼樣的人來和你見面。

8. 我們都擅長口是心非。

不管我們如何強調人品、教養、習慣的重要性，但不得不承認，一見鍾情主要是看長相，靈魂有不有趣、道德高不高尚，都是後話。人類就這麼點出息。

不管我們如何高調地宣布「封心了、鎖愛了」，但內心不得不承認，鎖是鎖了，但沒鎖死，鑰匙就在門框上，身高一百八以上的，一伸手就能摸到。

希望你有過強的本事，有喜歡的工作，有可以逃避壞情緒的愛好，有充足的睡眠，有獨處的快樂，最後才是有好多人喜歡你。

希望你是因為有趣而被喜歡，因為有用而被需要，同時因為無用和無趣的細枝末節而被某個人視若珍寶。

希望你無論多苛刻都有愛的人，也希望這個世界無論多苛刻都有人愛你。

Part 3

不要停止成長，這個世界不慣著弱者

有人祝福說「你值得更好的」，但並不等於「你會得到更好的」。

「更好」需要你「更努力、更有本事」才能配得上。

人生不能坐著等待，因為好運不會從天而降，

即便是「命中註定」，你也要自己去把它找出來。

13. 關於好為人師

過來人說的話，沒過來的人是聽不進去的

(1)

打羽毛球的時候，跟人聊到了新買的球拍，你說好喜歡它的配色和握拍的手感，馬上有人說：「你這款不行，沒什麼爆發力。」

傳了新房子的照片，你的本意是記錄一下人生的重大時刻，有人就來留言說：「牆面漆的顏色真難看，而且跟傢俱的風格不搭。」

同學聚會之後，你曬了一堆人開心用餐的照片，有人馬上點評道：「這個紅燒肉還行，那個烤鴨可以更好。」

發文說吃了海底撈，感覺很開心，馬上有人接話：「我覺得沒有那家涮涮鍋好吃。」

傳了一張戴戒指的照片，你本想記錄一下幸福的時刻，有人馬上點評道：「你的手指好粗糙，應該好好保養一下。」

好想說一句：誰問你了？

(2)

先講兩個小故事。

第一個是一個旁觀者的描述。說有一個中年女人帶著一個十二三歲的小女孩買水果，一邊挑一邊問小女孩：「如果你爸媽離婚的話，你跟誰？」

小女孩沒說話，中年女人接著說：「他們關係那麼差，天天吵架，肯定會離婚。」

小女孩繼續沉默，中年女人繼續說：「你比較喜歡爸爸，還是比較喜歡媽媽？」

小女孩深呼吸了一下，平靜地說：「阿姨，你這麼關心我的爸媽，是因為自己沒有爸爸媽媽嗎？」

第二個是一位女強人的自述。她得知自己的中年男性客戶生病了，要動手術，為了表達關心，她急匆匆地跑到醫院去，非常誠懇地問了一堆問題：「怎麼了？確診了嗎？是哪方面的問題？需要我幫你找醫生嗎？」

對方的神情很不自然，但被追問得實在是沒辦法，就尷尬地說了實情：「我做了痔瘡手術。」

成年人最高級的自律是：苦事不宣，樂事不揚，閒事不管。成年人最應該學習的兩件事情是：少吃兩口，少說兩句。

做人不能做瞎子，要看清事情的來龍去脈；不能做聾子，該聽的訊息要側耳傾聽；但要做啞巴，看到了，聽到了，自己心裡有數就好，不要四處嚷嚷，不要逢人就絮叨個沒完。耳朵從來不會犯錯誤，惹禍的都是嘴。

別人有難，你去開導，那叫幫忙；別人沒事，你總嘮叨，那叫煩人。

喜歡對別人的生活指手畫腳，可能是沒明白「我算老幾」。因為搞不清楚自己的生活邊界，所以才會再三地向外試探。

世界就像一個巨大的萬花筒，人人都有自己的生活方式和好惡標準，要時時記得「把自己當外人」。

不要把自己的主觀想法強加給別人，不要用自己的個人喜好去丈量別人的生活。他喜歡房間凌亂、隨意的舒適感，你就別用你喜歡的整潔標準來要求他；他喜歡在閒時打牌來消磨時間，你就別總說讀書更高雅。

要時時謹記：別人的感受勝過你眼裡的事實。

他在為愛所困的時候，你就不要輕飄飄地說：「這算什麼呀，愛情的苦多著呢。」他在享受新婚的快樂時，你就不要跟他強調：「婚姻是圍城。」要時時提醒自己：過來人說的話，沒過來的人是聽不進去的。尤其是那些身在人生至暗時刻的人，他們不需要你表現得更熱情、更聰明，你只需把你的好奇心、個人好惡統統鎖在櫃子裡，用心去傾聽對方，不亂下結論，不胡作判斷，提供他最需要的陪伴，就夠了。

關心他的關心才是直抵人心的捷徑。

事實上，各人有各人的命運積分榜，你刷你的，我刷我的。我沒去惹你，你也別來煩我。

生而為人，最好的禮貌是不要多管閒事。

望周知：

你說話比較直，我很介意；你說話沒有邊界感，我很介意；你嘴巴太碎了，我很介意；你嘴巴不緊，我很介意。你閉嘴的時候，我最喜歡你。

(3)

有個女孩敲了一段很長的話給我，大概意思是，在老闆安排的飯局上，有幾個表達欲爆棚的前輩，從職場經驗、戀愛觀念、養生技巧，聊到國際形勢、中東局勢，四個人聊起天來比四千隻鴨子還要吵。

更糟心的是，他們還非常「關心」在座的年輕人，時不時還要問一句「你們工作順不順心」、「對老闆有沒有意見」，有人就說了一句：「工作嘛，難免會有一些觀點跟老闆的不太一樣。」

其中一位馬上就蹦出一句「想當年」，然後喋喋不休講他當時的主管如何糟糕，他當時是如何鬥智鬥勇，最後如何化解危機……這一位話音剛落，另一位馬上插嘴說：「你這樣做不對。」然後繼續喋喋不休地講他當年是如何不畏強權，如何硬槓主管……好不容易等這一位講完了，下一位又插嘴說：「你這樣也不對。」接著激情澎湃地講他當年是如何跟主管齊心協力，如何過關斬將……

這女孩問我：「總喜歡教人做人，這些人怎麼那麼討厭呢？」

我回：**「你討厭的並不是他們教你做人，你討厭的是他們用倚老賣老的方式，教的都是你不感興趣、不認同，覺得沒用、過時，甚至是錯誤的東西，你討厭的只是他們利用年齡優勢（可能是僅有的優勢）在你面前廢話連篇。」**

試想一下：如果你是職場小白，你的經驗、能力都很有限，有個能力出眾的前輩願意做你師父，教你做事，你會不樂意嗎？

如果你是個剛拿到駕照的新手司機，一摸方向盤就心裡害怕，有個成熟穩重的前輩願意教你用車的技巧，你會不樂意嗎？

你當然樂意。

但如果是個做事不可靠、整天就知道吹噓、凡事都不懂偏愛裝懂的人，對你說一些你早就知道、毫無用處、不認同、不感興趣的觀點，你當然會很不樂意。

這些讓人「煩」而遠之的傢伙，在任何事情、任何場合都要發表觀點、見解、建議，並強行昇華，最好再和他們的人生經歷連結起來，再得出一堆過時或可笑的結論，最後提一堆膚淺且愚蠢的建議，還自我感覺良好。

他們以「過來人」的身分自居，對晚輩或下屬指指點點，但言語之間除了炫耀毫無意義，就像是變相地說：「你這樣做是不對的，但什麼是對的，我好像也不知道。你應該照我說的那樣做，如果沒效果，那也跟我沒關係。」

他們覺得自己的活法是最科學的，覺得自己的人生是最理想的，覺得自己的見解是最睿智的，覺得自己的方法是唯一可行的，覺得真理都掌握在自己手裡，於是厚著臉皮把自己當作人生導師，逢人就教人做人做事，全然不顧他人的感受。

他們只是打著「我這是為了你好，我這是看得起你才跟你說」的旗號，實際想要的是：「你們得聽我的，你們得崇拜我，你們都看看，我多了不起。」

他們對別人說三道四的時候，眼裡並沒有別人，只有倒映在別人眼睛裡的、正在指點江山的自己的倒影。

他們滿身都是迂腐的氣味，什麼都不敢堅持，卻美其名曰「會做人」，還嘲笑年輕人的不妥協是幼稚，指責年輕人的不讓步是無知。

可問題是，不該妥協的地方，為什麼要妥協？不該讓步的地方，憑什麼要讓步？人哪，並不會越活越明白，經驗和閱歷有時候也會變成自縛的繭房。

(4)

關於「提建議」這種事，你要明白三個真相。

真相一：很多看起來正確的建議，只是滿足了提建議的人。

比如說，家裡人買了新鮮的草莓，本來是想與你分享的，結果你張嘴就來：「這個草莓啊，一定要認真洗，它的農藥噴太多了，不洗乾淨吃了會生病。」

家裡人買了一款熱銷的鐵鍋，你就說：「如果不好好開鍋，會很容易沾鍋。」

家裡人做了一道四季豆炒肉，你就說：「豆子一定要炒熟，不然吃了會中毒。」你要是對什麼事情不放心，你就主動把它處理好。

怕草莓的農藥多，不要說這說那，你就說「我來洗」，然後自己去洗三遍、四遍、五遍，然後一起分享。

怕鐵鍋沾鍋，你就說「我來開鍋」，然後把它處理好。

四季豆你不放心，你就說「今天我來炒」，然後親自動手把它炒熟。

類似的還有，如果你真想給某人建議，就不要只提「正確的廢話」，要提「能夠操作的建議」。

比如，說「上課別恍神」沒有用，有用的是：「如果你發現自己恍神了，輕輕拍一下腦袋，把注意力收回來。」

說「作業要全部完成」沒有用，有用的是：「如果你遇到不會做的題目，可以留著第二天問我。」

說「仔細計算別出錯」沒有用，有用的是：「算完了，再驗算一遍。」

對失戀的人說「要堅強」沒有用，有用的是：「一起去健身吧，練得美美的。」

對敏感、內向的朋友說「任何時候你需要人陪都可以來找我」沒有用，有用的是：「我買了兩張電影票，你能陪我去看嗎？」

對沮喪、難過的人說「比你痛苦的人多的是」，就像對骨折的人說「比你嚴重的人多的是」，這是非常糟糕且無用的安慰，有用的是：「我請你吃咕嚕咕嚕的火鍋吧。」

真相二：很多人所謂的「為了你好」，只是為了讓他自己心情好。

大多數人的「看不慣」，是因為「你沒有像我想的那樣做、那樣選、那樣活著，所以我想改變你」。很多人的建議、提醒、批評，以及發火，很多時候只是在教別人做一個他希望的人。

比如父母跟孩子強調的「你應該……」，情侶跟另一半強調的「你為什麼就不能……」，朋友跟朋友說「你和之前不太一樣了」。歸根結底，就是想把別人改成讓自己覺得舒服、看起來順眼的樣子，至於別人舒不舒服，他們不管。

我想說的是，你可以試著影響別人，但別想改變別人。影響別人最好的方式是，你自己可以做到，你自己做得很好，你自己活得很好，因為你才是你的觀點最直接、最有力的證據。

否則的話，被建議的人心裡話大概只有兩句。一句是：「建議你，不要建議我！」另一句是：「別掏心掏肺了，掏錢吧！」

真相三：心理健康的人是不會輕易折磨別人的，通常是那些曾經被人折磨過的人，最後變成了折磨別人的人。

人的內心比較弱的時候，會表現出挑剔、刻薄、爭強鬥勝的一面。而當一個人內心很強大的時候，會表現出寬容、友善、和平共處的一面。

所以，當你自己能量不夠的時候，首要任務是管好自己。就像飛機氧氣面罩的使用提醒：先救自己，再幫別人。

可總有一些人，自己的日子過得不怎麼樣，卻很喜歡向年輕人輸出恐懼、焦慮，以及各種人生的限制（當然了，他們會把這些東西視為「精神財富」）。尤其是當他們聽到年輕人做了一些他們理解不了的選擇，說了一些他們沒聽過的觀點，做了一些讓他們感到意外的事情時，通常不是給祝福，也不會試圖去搞清楚「現在的年輕人都喜歡什麼，都在追求什麼」，而是一味地警告、勸阻、恐嚇。內心不太堅定的人，特別容易被他們影響到。可一旦真的照他們的建議來活，高機率會活得比他們還要清湯寡水。

最好的心態是：位置不同，少言為貴；認知不同，少辯為上；三觀不同，少湊一桌；管好自己，不度他人。

(5)

出於自戀，很多人總想把別人拖入自己的劇情，好讓別人成為自己劇情中的配角，卻又不對配角負責。

比如，對你講「養狗就應該解開繩子，讓牠到處玩，別天天牽著繩子」的人，並不會在你的狗狗跑丟後幫你找，也不會在你的狗狗嚇到小孩子後替你賠禮道歉。

被家暴了、對方出軌了還勸你「別離婚」的人，並不會在你挨揍的時候幫你攔住對方的拳頭和巴掌，也不會在你受傷之後來照料你的身體和心靈。

那麼，我們該如何應對那些「好為人師」的人呢？

你可以反問：「你知道我需要的是什麼嗎？」、「你瞭解我嗎？」、「你懂得尊重別人嗎？」、「你知道我經歷了什麼嗎？」、「你知道人和人的喜好是不一樣的嗎？」

你可以反擊：「我好心疼你的老公／老婆／孩子，他們天天忍受著你的說教，還沒得憂鬱症，真的很不容易啊。」

你可以幫他換位思考：「你看，我從來沒催過你生第二胎吧？我從來沒勸過你吃素吧？所以你也別催我結婚，咱們都得互相尊重對方啊。」

你可以敷衍：「您說得太有道理了。」、「對對對，行行行，好好好，嗯嗯嗯，哦哦哦。」

總之要記住一個原則：要遠離那些不出錢、不出力，但建議特別多的人，敬不敬之隨便你，但一定要遠之。

與此同時，你還要明白：身在江湖，不管是身分、地位、年齡、資歷，只要是低人一等，就難免會被指指點點。

大家就像是抱著樹、排著隊往上爬的猴子，向上，你看到的當然是猴子屁股，向下，你才能看到猴子的正臉。

要想不看屁股，要嘛是拚命爬到那棵樹的最高處，要嘛是離開那棵樹。可偏偏有些猴子，既想往上爬，又不想看屁股。那問題來了，那些費盡辛苦才爬到高處的猴子，難道要為了照顧你的感受，不把屁股對著下面，天天練倒立嗎？

既然都不喜歡「好為人師」的人，那就更應該避免成為「好為人師」的人。在準備張嘴之前，請認真想一想：「我眼裡的問題，別人也覺得是問題嗎？」、「我瞭解事情的全貌嗎？」、「他真的想聽真話嗎？」、「我指的那條路適合他嗎？」、「走我這條路造成的後果，他承受得了嗎？」、「我是真的為他好，還是想滿足自己的表達欲？」、「我是想幫扶，還是想征服？」

不要對什麼人都掏心掏肺，即便是有人向你請教，也未必是想聽真話。

不要強迫別人說真話，他的所作所為，就是最真實的回答。不要總想占誰的便宜，時間久了，你就真的便宜了。

不要吹噓。你在面臨重大的人生選擇時做出了正確的決定，不等於別人在面臨重大選擇時也有這份特權或者運氣。

不要勉強。私以為，新時代的四大「積德行善」是：不催人戀愛結婚，不勸人生兒育女，不攔人分手離婚，不逼人樂觀拚命。

不要賣弄。比如說，你們一起去看電影，你卻偷偷上網查資料，然後對別人科普「這個鏡頭用了什麼技巧」、「這句臺詞有什麼玄機」，絮絮叨叨個沒完，把本應是輕鬆的聚會搞成了教學的課堂，你說得口乾舌燥，別人聽得也異常辛苦。

每個人都是活在自己的主觀世界裡，盡量不要挑錯，盡量不要指責，盡量不要未經允許就對人指指點點，盡量不要未經請求就想著救人於水火。

未經請求就好為人師是會讓人反感的，後果是：你支持什麼，就是在給什麼丟臉；你主張什麼，就是在給什麼抹黑。

14. 關於長大成人

我們都在長大後，慷慨地宴請小時候的自己

(1)

一個便利商店的老闆傳了一個影片，有幾個少年去他店裡買了一瓶飲料，然後向他借了杯子，還邀請他一起喝飲料。老闆高興地加入了這個「少年團」，還送了少年們一瓶新的飲料。於是，他們在便利商店的收銀臺上暢飲，還非常有儀式感地喊著「乾杯」。

那一天，他其實盛情地宴請了少年時的自己。

一個剛剛畢業的小夥子講了一個故事，說他小時候沾親戚的光，在城市裡吃過一次很高級的自助餐，從此對那家店心心念念。考試得了第一名的他，鼓足勇氣跟家人提要求：「想再吃一次。」家人直截了當地拒絕道：「我們家吃不起那個。」

等他工作之後，聽說考試得了第一名的小侄子說想吃自助餐，他特地請了一天假，

專程帶小侄子去了當地最好的自助餐廳。

那一天，他其實慷慨地宴請了小時候的自己。類似的事情其實有很多。

A說他小時候非常想嘗一塊表弟手裡的巧克力，可惜只能聞著那款牛奶夾心巧克力的味道。面對自己的苦苦哀求，家長一句斬釘截鐵的「不買」，讓這塊巧克力徹底成了童年記憶裡高不可攀的奢侈品。

於是，在工作之後，他拿到薪水的第一件事就是買一大盒巧克力給自己。

B從小到大用的都是表哥表姐淘汰下來的舊手機、舊電腦，每次出問題，家長也只是說一句：「拿去修一下就好了。」

於是，當他經濟獨立之後，他每年都會將自己的電子產品更新到最新款。

C在二十七歲之前都沒去過遊樂園，她記得很小的時候跟媽媽提過一次，但媽媽的回答非常明確：「那根本就不是我們這種人去得起的地方。」

於是，等她長大了，不管去哪個城市，她都會先去當地的遊樂園，買一個大大的棉花糖，邊玩邊吃。

D小時候對鋼琴特別感興趣，曾興致勃勃地問家長能不能去彈琴，結果被一句「好好讀書，考好大學，找好工作，才是正經事」給無情駁回。

於是，在他二十七歲那年，他買了一架非常專業的鋼琴給自己，圓了自己八歲時被打碎的鋼琴夢。

E是國中的時候才知道有「演唱會」這種活動，她那時候最喜歡周杰倫、林俊傑，她聽去過演唱會的同學講現場的熱鬧，非常羨慕，但她根本就不敢跟父母提，因為她知道父母一定會說：「飯都吃不起了，還想聽演唱會？」說不定還會順帶著沒收她的隨身聽。

於是，等她自己賺錢生活之後，只要是喜歡的歌手開演唱會，她都會去。她不再關心演唱會的門票買不買得起，只關心搶不搶得到，以及他們還開不開演唱會。

F說他小時候過年很想吃糖葫蘆，可父母從來不買給他。有一次他考了全校第一名，就跟媽媽說：「之前我們說好了，得第一名是有獎勵的，我想要一枝糖葫蘆。」媽媽卻翻著白眼說：「你得第一名，是為了我得的嗎？啊？是嗎？」

於是，當他長大以後，只要看見糖葫蘆，就一定會買一枝給自己。

G說他小時候沒有零用錢，幾乎沒有吃過零食，也沒有任何玩具。現在有孩子了，他的孩子吃過高級自助餐、火鍋、燒烤、麻辣燙、肯德基、麥當勞，擁有各式各樣的樂高、機器人、電動玩具。他說他不是在寵溺孩子，而是在寵溺童年的自己。

H說她讀書的時候，考了一次好成績才敢小心翼翼地提議去吃火鍋或者烤肉，現在完全不一樣了，想吃就馬上去吃。

她對著自己手機的前置鏡頭說：「剛才一個人去吃了頓烤肉，突然想到我終於過上了我八歲時的夢想生活，天啊，怎麼搞的，真是了不起啊，你這傢伙！」

是的，成年後每一次對自己的放縱，都是在宴請兒時窘迫的自己。

(2)

曾經有一個熱門搜尋關鍵字是「我的童年報復性補償行為」，裡面提到了一個調查資料，說每年有七千萬成年人會買玩具給自己。

很多人借著這個話題講了自己的「童年報復性補償行為」，比如，小時候喜歡芭比娃娃未能得到滿足，長大以後瘋狂買；小時候喜歡公主裝，家長不買，現在一大把年紀了，還是喜歡買公主裝；小時候家長不准留長頭髮，長大後頭髮長了也不剪；小時候總穿別人的舊衣服，長大了總喜歡買新衣服……

說起來也不算什麼大事，但無數個「被打擊的小心願」堆在一起，就構成了一個窘迫的童年。

這些被伴隨著「求而不得」的遺憾長大的成年人，試圖透過一些遲到的補償，一步步幫自己重啟人生。他們不僅大方地買零食、玩具、服飾來安慰童年的自己，同時還把自己當孩子一樣重新富養了一遍。

比如說，給自己改造了心心念念的電競房；養了小貓和大汪；報名了駕照考試和潛水證考試；去了想去的遊樂園；買了最新款的電腦或手機，買了各式各樣的保養品和化妝品；報了鋼琴課和跆拳道班……

比如說，喜歡的玩具可以擺滿一桌子；想去的地方，買一張車票，馬上就可以出發；巧克力、果凍、餅乾，想吃什麼牌子、什麼口味的都能買，一下子拆開好幾包零食也不用怕被罵，洋芋片袋口撕大了，也不用擔心被數落。

又比如說，半夜去客廳拿東西，可以光明正大地開燈，拖鞋啪嗒啪嗒，不用弓著身子豎起耳朵聽爸媽臥室的聲響；三餐可以按照自己的心意選擇食物的種類和進食時間，想精緻擺盤弄忙兩個半小時做一頓飯，不會有人來掃興地說「瞎忙個什麼勁」；週末睡到幾點、回家之後鞋怎麼擺、每天穿什麼，都由自己全權決定；懶散不成器的指責、幽怨的眼神、籠罩滿屋子的低氣壓，統統消失不見；打碎一個碗，天不會塌；出去跟朋友玩回家晚了，不會聽到摔門聲。

他們為自己尋找和培養興趣愛好，帶自己去看更大、更遠的世界，為自己布置一個可以隨意折騰、毫無壓力的空間，讓自己放心大膽地嘗試各類新體驗、新角色，將自己小時候很想做的事變成一個個落地的願望……

感覺就像是，心裡呼呼漏風的洞被補上了。

也終於可以矯情地跟別人感慨一番：你走路到才藝班只需五分鐘，而我走了二十年；你吃的披薩只需烤五分鐘，而我的披薩烤了二十年；你想要奧特曼玩具只需等到週末，而我的奧特曼玩具包裹送了二十年；為了能坐在這裡和你一起喝咖啡，我用了二十年……好在我們都已經長大了，有想要的東西不用再委屈巴巴地躲在角落裡日思夜想，終於可以自己滿足自己，做那個為小時候的自己圓夢的巨人。

我的意思是，你不必喜歡自己的全部過去，也不必逼自己對過去釋懷，你只需要知道，過去的作用是把你帶到現在，這就夠了。

(3)

很多人不只是被原生家庭「控制」，還一直被原生家庭打擊，因為父母說的話總是夾槍帶棒。「要是你像別人家的孩子那麼優秀就好了」、「你要聽話」、「別人家什麼條件，我們家沒那個資格」、「你是大孩子，要讓小的」、「我們家窮」、「花這麼多錢，不值得」、「學什麼畫畫，能當飯吃嗎」……

總之是：「你不配，你不行，你不夠好。」

這類父母對子女的打擊是全方位的，他們潑的冷水能把孩子的心澆透，包括但不限於：對你身材外貌的評價，對你穿著打扮的約束，對你人生選擇的駁斥，對你日常瑣事的炮轟。

即便是長大成人了，這種童年時養成的「我不配」、「我不好」的糟糕感覺也會一直伴隨著你。

在這種缺愛、陰鬱、易燃易爆、無法正常溝通的環境裡長大的孩子，性格的底色往往是：膽怯、自卑、敏感、「委屈式」懂事。這樣的孩子需要用很多年，需要非常努力、非常辛苦才能克服性格上的缺陷，才能慢慢長成大眾認可的那種溫柔、有教養、合群、樂觀的模樣。

有一對掃興的父母是種什麼體驗？就是小時候不讓你高興，長大了不讓你不高興。你向父母提出請求，得到的只是忽視或拒絕。你和父母分享快樂，收到的只是挖苦和打擊。

你和父母傾訴煩惱，收到的只是嘲諷和不以為然。

你跟他們分享學校裡發生的趣事，他們會皺著眉頭說你：「天天不務正業，你是去讀書的嗎？」

你跟他們分享朋友聚餐的熱鬧場面，他們會指責你：「我為了省錢天天吃饅頭白菜，你怎麼好意思吃大餐？」

你跟他們分享你新學的舞蹈，他們只會冷冰冰地回覆：「怎麼又胖了？」

你興致勃勃地跟他們說你拿到了獎學金，他們的反應卻是：「為什麼你得的最少？」

你跟他們說你在學校裡被人欺負了，他們卻反問你：「為什麼那些人不欺負別人？」

你拉肚子，他們會唸你：「整天就知道吃垃圾食物，拉肚子就是活該。」

你興奮地跟他們說你在某款很難的遊戲裡闖關成功，他們只會翻著白眼說：「你要是把玩遊戲的幹勁用在學習上，早就得第一名了。」

你帶他們出去見世面，他們看見繁華的都市就說：「不就是大樓多一點嗎？」看見大海就說：「不就是水多一點嗎？」看見熱鬧的街頭就說：「不就是人多一點嗎？」

假如你考試不及格，他們會說：「我怎麼生了你這個沒用的東西！」
假如你考了六十分，他們會說：「就這麼幾分，你還好意思高興？」
假如你考了七十分，他們會說：「太差了，連平均都不到。」
假如你考了八十分，他們會說：「這次考試題目這麼簡單，也才考了八十分。」
假如你考了九十分，他們會說：「你看看人家都考了一百分。」
假如你考了一百分，他們會說：「有什麼好得意的，看你下次還能不能得滿分。」

他們的言外之意是：與學習或工作無關的事情都不重要，我理解不了你那毫無意義的快樂，也感受不到你那芝麻粒大小的委屈，在你成為人生贏家之前，你笑聲大一點都是罪過。

他們的邏輯是：馬兒跑得慢，是鞭子抽得不夠，所以得多抽；馬兒跑得快，是因為鞭子抽得好，所以更得多抽。

久而久之，子女就養成了小心翼翼、自卑敏感的性格。他們總是想要證明自己是值得被愛的，又在得到愛和快樂的時候覺得自己配不上。

所以，每當子女感到開心或幸福的時候，腦子裡就會冒出一個嚴厲的聲音，指責自己根本不配得到幸福，以至於所有的快樂都藏著一層謹慎的底色。

而這也解釋了「為什麼很多年輕人不想生孩子」，因為他們擔心，如果自己真有一個孩子，是不是能給他應得的、足夠的耐心和溫柔。

他們共同的心聲是：我不是不想孕育一個美好的小生命，不是不想對孩子負責，而是因為我知道當小朋友有多難，所以我害怕自己還不夠成熟，還無法給孩子一個溫暖的家，一個能讓他肆意成長的環境。

正是因為我有過很慘的經歷，所以我不想讓我的孩子再經歷一次，我不想讓我的孩子有那麼多的負罪和遺憾，所以在生孩子之前，我要求自己必須在精神和物質上有充足的準備，這樣的話，我的孩子或許就會少一些遺憾、委屈、憤懣和心酸，少幾樣「年少不可得」。

但我想提醒你的是，原生家庭是我們的根，決定了我們會在哪裡生根發芽，但是，它不是我們的宿命，每個人都可以決定生命之樹的最終形狀。

我們還有選擇，還能把「我不配」、「我不好」之類的糟糕情緒都挖出來，放在陽光下晾曬。

我們追溯自己的原生家庭，並不是為了批判當年的父母，而是為了理解自己性格和命運的源頭，為了更加瞭解自己「為什麼會是現在這樣」，為了幫自己理清楚「我到底想要什麼樣的生活，我到底想要成為什麼樣的人」。

想鄭重地跟原生家庭不太好的孩子們說：不要因為原生家庭不如別人就任由自己糟

糕下去，也不要因為比不過別人就覺得自己糟糕。別人從山腳爬到山頂很厲害，你從深淵爬到地面也很厲害。

(4)

網路上有篇很紅的貼文叫「我發現把自己當女兒養之後就過得不彆扭了」。

作者原本是一個很敏感的人，她經常否定自己，覺得自己「不配花錢享受」，不管是出去玩，還是自己花錢去聽演唱會，她總是有很強的罪惡感。但是，自從她把自己當女兒養之後，她就覺得「應該無條件支持（女兒）」。

她說：「因為是我愛的女兒，所以不精緻也可以，胖一點也可以，和別人處不好也沒關係，薪水不高、考不上研究所都沒關係，不那麼優秀也可以，不戀愛、不結婚不必著急。反正在我眼裡，我的女兒是最好的，我的女兒只要開開心心做自己想做的，自由過每一天就好，她值得。」

正是這樣的允許、接納和包容，人才會停止自我批判、自我否定、自我攻擊，像一位真正的、溫柔的母親那樣，和自己「內在的小孩」交流，耐心地回應自己的真實需求。

作為孩子，你沒有辦法決定父母養育你的方式。但作為成年人，你可以做自己的父母，把自己重新養一遍。小時候的自己可能聽到了太多的「不行、不可以、不對」，但在長大的你這裡，怎麼樣都行，做什麼都可以，怎麼做都對。

所以，當你「內在的小孩」委屈巴巴地說「我不值得被愛」、「我好蠢，什麼都做不好」的時候，你要幫她打消這些念頭：「犯錯了沒關係，搞砸了很正常，失望是可以的。」

當你感到害怕、無助、自我厭棄、自我否定、縮在角落裡無聲哭泣的時候，你要提醒她：「你很好，你很可愛，你值得被愛。」

當你努力了很久卻依然沒能達到預期的時候，當你的腦海裡出現了「我好差勁」、「我討厭自己」、「我真蠢」的時候，你要告訴她：「你不會被瞧不起，你不會被比下去，所以不用擔心，你可以吃你喜歡的食物，做你喜歡的事情，過你想要的生活。不是生日也可以買一塊大蛋糕，沒做好也可以犒勞自己，把事情搞砸了也可以獎勵自己。」

怎麼樣才算是「重新養自己」？

比如說，有人開始嘗試減少對外界眼光的攝入，不再信奉他人念叨的「你就不怕被人笑話」那一套。

比如說，有人每天記錄自己完成的小事情，源源不斷地給自己提供正面的回饋，不再被「謙虛」、「懂事」、「乖」之類的話術綁架。又比如說，有人重新審視從小聽到的「別人都這麼做」、「別人都那麼說」，然後尋找真正能支撐起自己漫長人生的東西，比如「我喜歡」、「我樂意」、「我偏要」。

需要特別強調的是，「重新養自己」的關鍵是愛自己，但不是溺愛自己，二者的區別在於：

當你意識到自身的狹隘時，你是督促自己「讀萬卷書，行萬里路」，用更寬廣的見識去接納現實生活的一地雞毛，還是為自己的無知和無能辯解，甚至以無恥為榮？

當你覺察到內心的膽怯時，你是鼓舞自己「穿越逆境，抵達繁星」，以無畏的勇氣去迎接未知的挑戰，還是龜縮在可憐的角落裡，對心心念念很久的人、事、物說「我不想要」？

重新養自己，不僅意味著按自己的心意活著，還意味著對自己的人生負責。即便有過不那麼完美的童年、不那麼如意的成長，也依然想要把自己從原生家庭和糟糕現實的沼澤裡拉出來，然後，朝前走，往前看。是的，你就是你的千軍萬馬！

當你決心把自己重新養一遍，你的人生作業系統就會跳出兩個通知訊息：壞消息是，你只能靠自己了。好消息是，你可以靠自己了。

15. 關於焦慮

永遠不要提前焦慮，生活就是見招拆招

(1)

你天天都想著「上岸」，可根本不知道岸在哪裡。

你累得就像一灘水泥了，卻又清楚地知道自己心裡有一排鋼筋，結結實實地把自己撐起來。

你感覺人生像是在執行一個標準程式——到什麼年紀就做什麼事。比如讀書、工作、存錢、買房、結婚、生育、養老……可每翻一個山頭，你發現還有一堆更難的任務在等著自己。

你發現青春已經餘額不足了，可自己並沒有做好「當大人」的準備。這些年的變化似乎只有：花錢變得大手大腳了，對人不再信任了，看人的眼光變高了，越來越不愛說話了。

你滿腦子都是問號：

為什麼生活條件越來越好，可自己卻越活越累？為什麼每天很忙，可一年到頭都不知道忙了什麼？到底要多好看才算好看？

到底要多努力才算努力？到底要多有錢才算有錢？

漸漸地，世界變成了一個巨大的轉輪，而你就像轉輪上停不下來的倉鼠。

在人群中待久了，人都會變得貪婪，有野心，更虛榮。一旦想要的沒得到，或者想爭取被拒絕了，又或者被人比下去了，馬上就會變得痛苦、煩惱、抱怨。

所謂的痛苦，就是很想要，可偏偏得不到。

所謂的煩惱，就是欲望被點燃了，卻又不得不壓下去。

所謂的抱怨，就是想為自己的責任找一隻代罪羔羊，但沒有成功而已。

一旦出現了「又菜又急」的心態，就用三句話來搞定：

第一句：完全不急。你想像自己是一隻在太陽底下優哉游哉的貓，對你來說，舔自己的毛最重要，舔完毛再好好睡一覺最重要，其他的都可以等。

第二句：我不要了。他人的好感、傾慕之人的好人卡、湊合的關係、無關之人的認可……統統都不要了，不想糾纏了，不抱期望了，心裡的石頭沒了，爛人和爛事自然就跟著消失了。

第三句：沒關係。錯了，錯過了，搞砸了，輸了，落後了，被拒絕了……沒關係，

沒關係，自己對自己說，沒關係。

只要你還沒有打算「躺平」，只要你還在努力，在學習，在思考，在觀察自己，在力挺自己，你就能夠逐漸理解生而為人的諸多美妙與麻煩，就能逐漸與自己的無知、狹隘、偏見、陰暗周旋下去，然後，見招拆招。

成熟的重要標誌是，你主動成為影響自己最大的那個人，並把環境對自己的影響降到最低。

所以我的建議是，摘掉面具，拒絕比較，停止瞎想，直面與容貌、年紀、排名無關的主線任務，去搞好學習，做好手邊的工作，處理好眼前的人際關係，鍛煉好身體，然後從心理上強大起來，去讀書、旅行、交友，去提升認知和本事，去增長收入和見識。

耐心地做好手邊事，盡興地享受當下的生活，認真地珍惜眼前人，這就是過好這一生最簡單的方式。

切記，不是「走一步算一步，實在不行死半路」，而是「走一步就走好一步，多走幾步就有出路」。所以永遠不要提前焦慮，生活就是見招拆招。

(2)

有個新手媽媽發現自己的孩子長牙比別的孩子晚，就天天在網路上查案例，把自己嚇得夠慘，甚至還抱著幾個月大的孩子去看牙醫。

牙醫哭笑不得地說：「你到大街上看看，所有的成年人，有沒長牙的嗎？」

生活的真相就是，你擔心的事情，百分之九十九都不會發生；已經發生的事情，百分之九十九都沒有你想像的那麼嚴重；以前覺得很嚴重的事情，百分之九十九都在你能夠承受的範圍之內。

不信你再想一想，兩三年前讓你非常焦慮的事情，大多數其實不是被你解決掉的，而是自動消失的。因為隨著你個人能力、認知的升級，隨著生活主線任務的改變，你的那些煩惱、擔心都會變得無關緊要。

就好比說，小時候覺得上學遲到是天大的事，國中的時候覺得沒考好是天大的事，高中的時候覺得考不上大學是天大的事，戀愛的時候覺得分手是天大的事……

可當這些事情告一段落，你再回頭看，就會發現：曾經覺得「人生要完蛋了，天要塌了」的那種大事，都不過是類似於「晚上是吃餃子，還是吃蛋炒飯」這種小事。

所以，不要對不瞭解的事情說三道四，不要對不確定的事情大驚小怪，不要對沒發生的事情提前擔心，不要對已經決定的事情瞻前顧後，不要對正在做的事情潑冷水，不要對已經塵埃落定的事情悔恨交加。

要記住，人生的容錯率是很高的。考不上好的大學不會怎樣，找不到穩定的工作不會怎樣，不結婚不會怎樣，不社交不合群也不會怎樣。

人生並不會因為某次不達標就徹底完蛋，這個世界也並沒有什麼好怕的。

壞事還沒發生，你就提前焦慮，就等於壞事發生了兩次。糟心的事已經塵埃落定，你總是耿耿於懷，就等於糟糕了三四次。

(3)

女孩小賀傳給我一段很長的話：「我突然意識到，我已經三十歲了，但如果不是去體檢或者辦旅遊簽證，我都快忘了年齡這回事。我身邊的朋友早就結婚生子，有的生完頭胎又生了二胎，而我依然覺得自己還是個小孩子。我三十歲了，還是不知道參加婚禮該包多少錢，不知道去別人家做客帶什麼禮物更合適；不知道何時跟主管敬酒，不會說恭維人的漂亮話；碰到親戚的時候不知道該喊什麼，第一時間都是望向我媽；還是喜歡吃零食和路邊攤，還是喜歡熬夜和各種八卦……我一直都覺得這樣挺好的，可每當我看到年齡欄上的『三十歲』時，就會心裡發緊，甚至是有點難過，就是那種『天哪，我竟然三十歲了，我好老啊』的感覺。」

我很認真地回了一段話：「你來到這個世界才三十年，在前二十年裡，你不能隨便戀愛、花錢，不能喝酒、開車，不能夜不歸宿，不能到處玩，而是要背好多單字，寫好多考卷，考好多試。所以醒醒吧，現在的你簡直就是人生花園裡剛剛綻放的花朵。」

我知道，很多人其實並不想長大，只是沒辦法繼續當小孩子。

但我想提醒你的是，每個人其實都有兩個時鐘。

一個是社會時鐘。比如，你六歲上小學，十二歲上國中，二十三歲大學畢業，然後找一份穩定的工作，三十歲左右結婚生子，六十五歲左右退休領養老金。從出生，到學習，到工作，到生育，到衰老，什麼年齡就做什麼事。

另一個是你的個人時鐘。它跟年齡無關，只和你的體驗有關。比如，最近想賺錢，就沒日沒夜地拚命努力；最近想旅遊，就坦坦蕩蕩地去玩個夠；最近想談戀愛，遇到合適的就猛撲；最近享受單身，那就離人群遠一點。從生活，到工作，到感情，到感受，怎麼開心怎麼活。

年齡不是問題，只要你做著自己喜歡的事情，每天活得有滋有味，那麼二十歲跟四十歲沒什麼區別。

長相也不是問題，眼睛不夠大、鼻子不夠挺拔、皮膚不夠白、身材不夠苗條、身高不夠出眾，都沒關係。人沒有缺點，只有特點。要試著接受自己的與眾不同，而不是執著於爭取那些浮在表面的、虛張聲勢的美麗。

如果你有容貌焦慮，就提醒自己：「過了三十歲就好了，因為在漏洞百出的人生裡，容貌問題根本就不值一提。」

如果你有年齡焦慮，就學習自嘲：「不用愁老之將至，我老了也一樣惹人煩。」

如果你對生活焦慮，就反覆念叨：「人生就是，急也沒用。」

如果你對未來焦慮，就經常鼓勵自己：「上天為每隻笨鳥，都準備了一根矮樹枝。」

如果放輕鬆，你會覺得一切都易如反掌；如果太緊繃，你會覺得一切都像是巴掌。

(4)

一個小女孩拿媽媽的手機去雜貨店買零食，結帳的時候才知道需要媽媽臉部辨識解鎖，而媽媽又不在身邊，再加上雜貨店裡有兩個大人在起鬨，小女孩急得直掉眼淚。

雜貨店的老闆娘站了出來，她先是把那兩個起鬨的大人轟了出去，然後蹲下來很溫柔地對小女孩說：「這是很小很小的問題，我們把它解決就好啦。」

小女孩沮喪地說：「媽媽不在，我付不了錢。」

老闆娘說：「這是很小很小的問題，你可以把店裡的 QR code 拍下來，回家請媽媽付錢。或者，你把零食拿回家，再從家裡拿現金過來。問題是不是就解決了？」

小女孩笑著點了點頭。

老闆娘問：「你剛才哭了，是不是因為那兩個大人在講你？」

小女孩說：「是的，他們在嘲笑我。」

老闆娘說：「你下次可以對他們說，這是很小很小的問題，我把它解決就好了，請你們不要講我，再講我就生氣啦。」

其實很多事情都可以用到這句話：「這是很小很小的問題，我們把它解決就好了。」

如果這次不會，那下次就會了；如果自己不行，那找人幫忙或者跟人學習就好了。無非是需要一點時間，會有一些波折，而已。

人最大的消耗不在於做了什麼、付出了多少，而是沒完沒了地跟自己對抗，然後陷在焦慮的情緒裡。包括但不限於：不接受已經發生的事情，反覆批評不夠好的自己，以及深陷在對困難和未知的恐懼中。

結果是，任何一點風吹草動，都會激起情緒上的波瀾。一天下來，就算什麼都沒做，整個人也會覺得疲憊不堪。

焦慮的過程，就像是用一把勺子，慢慢將自己掏空。

那麼，如何減少焦慮呢？這裡有七個建議：

1. 擁抱不確定性。

很多時候，你沒有做錯什麼，但你還是會經歷一些不好的事，會遇見一些不善的人，和這些「不確定性」相處，是我們一生的功課。

所謂大人，就是明白這個世界總有一些事情是隨機發生的，就是知道根本就沒有「一勞永逸」這種事情。

借哲學家愛比克泰德的話說就是：「對於不可控制的事情，要保持樂觀；對於可控制的事情，要保持謹慎。」

2. 明明白白地「卷」。「卷」的精髓是：讓優秀的地方更優秀，讓不行的地方及格就行。將不擅長的地方拚命卷成「良好」，那也不過是平庸而已，平庸意味著沒有競爭力，意味著徒勞無功。

所以，要迅速摸清自己的長處在哪裡，然後揚長避短，而不是方方面面都力爭良好，那結果自然是白白累死了可愛的你。

3. 增加選擇權。

失去這個機會，就沒有下一個了，你當然會緊張，會焦慮；但如果錯失了這個，還有下一個、下下一個，你在心態上自然會從容很多。日常生活中、工作中、社交中，升級你的口才、德行、內涵、形象，以及工作技能，都是在增加選擇權。

4. 把焦慮具體化。

比如你很擔心錢不夠用，你可以具體計算一下，手裡的錢最多還能撐多少天，自己現在有哪些收入，有哪些周轉的辦法，有哪些可行的計畫。

具體化以後，你就把注意力從問題上轉移到了解決問題上，你的焦慮就可能從懸浮狀態降落到地上。

5. 不要提前擔心。

很多人都是為將來活著。上學是為考大學準備，上大學是為找工作準備，找工作是為結婚、養老準備……結果是，一遇到困難就自己嚇唬自己：「哎呀，我以後該怎麼辦呀！」

更有甚者，因為擔心未來被人抓住把柄，所以每天都活得謹小慎微；因為擔心明天給不了家人更好的生活，所以現在稍微休息一下就覺得自己有罪；因為擔心以後沒辦法在一起，所以現在不敢堅定地選擇那個喜歡的人……

6. 少跟人糾纏，多看大自然。

山河湖海不會要你二十四小時回覆「好的，收到」。路邊的小花也不會半夜十二點說它想結西瓜，要你想想辦法。天邊的雲彩也不會跟你畫大餅，說「好好做，年底幫你加薪（加一歲）」。

7. 正確地看待「焦慮」。

焦慮不是惡魔，也不是敵人，它更像是一位過度保護你的朋友。因為它曾經看到你受了傷害，所以想護你周全。

不要帶著偏見去看待焦慮，也不要給它冠上惡名。你只需向它證明「我已經強大到可以處理好事情，可以保護好自己」，這就夠了。

人生就像走在一條從來沒有走過的小路上，每個人都只能是：邊走，邊看，邊做決定。

焦慮永遠無法消除，但不影響你繼續前進。所以，你不用現在就知道人生的歸處，也不用一下子就看到人生的去處，更不用在此時就想著怎麼解決人生之路上可能出現的種種麻煩，你只需看清你周圍一兩百公尺。

(5)

因為從小就被教育「吃得苦中苦，方為人上人」，所以你參加了一輪又一輪的「爭當人上人」的遊戲。

你害怕被淘汰，你害怕被比下去，但這種遊戲只是在消耗你，並不能成就你，就像掛在拉磨的驢子眼前的那根胡蘿蔔，只是為了讓你沒完沒了地跑，不是給你吃的。

生活在這種由恐懼驅動的環境裡，很多人活得像是一種耗材。這導致很多人的通病都是「急功近利」，總盼著自己能像戰鬥機那樣一飛衝天，卻忘了自己實際上只是一輛小汽車，狂踩油門並不能讓你飛起來，只會讓你在距離起點不遠的地方把引擎操壞。

但是，如果小汽車用合理的駕駛方式前進，跑個幾十萬公里是完全沒問題的。

就像日劇《我們的奇蹟》裡那句臺詞說的那樣：「烏龜完全沒有在努力，牠對競爭和勝負都沒有興趣。烏龜只是在享受向前走這件事情而已……為了享受這個美妙的世界，烏龜一直在埋頭前進。在烏龜的世界裡，兔子幾乎已經不存在了。」

我的意思是，這個世界比你努力、上進、成功的人多的是，但這不應該成為你必須成功的理由。

你要做的是，從倉鼠籠裡的轉輪上跳下來，暫時不想改變世界，暫時不想進任何榜單，而是認真思考「我想要什麼」，反思自己當前渴求的東西到底是因為「別人都有，所以我也想要」，還是因為「我很喜歡，所以想放手一搏」。

事實上，我們都不知道明天會發生什麼，會遇見美好，會途經低谷，會手忙腳亂，會左右為難，會輾轉反側，會痛不欲生，但你要記住：真正能困住你的，是你自己的恐懼、焦慮、猜忌、想像，並非現實。

最後，祝你花期不遠，祝你花期漫長。

16. 關於分手

凡是過往，皆為序章

(1)

不要動不動就說「離開我，你會後悔的」。拿別人根本就不在乎的東西去威脅別人，會顯得很好笑。

不要動不動就強調「你這麼做，對我不公平」。感情本就沒有公平可言，深愛的一方都是弱勢群體。

不要動不動就強調「我那麼愛你，我對你那麼好」。一個缺愛的人瘋狂地向從來不缺愛的人獻愛，像極了一個窮光蛋在捐款給億萬富翁。

不要動不動就搬出以前的承諾和誓言。世界上最卑微的控訴莫過於說出那句「你答應過我的」。

希望你早日明白：愛過和瘦過一樣沒用！

(2)

妮子剛剛結束了一段「很端得上臺面」的戀愛。那是一位很帥的男生，他的手機桌布是妮子的照片，手機密碼是妮子的生日，社交軟體上也總發兩個人的甜蜜日常。他會帶妮子去認識新朋友，會為了妮子刪除朋友列表裡所有異性，會秒回妮子的訊息，會每天對妮子說「我愛你」，會在凌晨起床煮麵給肚子餓了的妮子吃……

然而，在跟妮子提分手的第二天，男生就高調宣布了新戀情。

妮子傳私訊給我，說她不能理解，也無法接受。

她說前天夜裡忍不住，傳了一句給男生：「我好幾天都吃不下飯，瘦了十公斤。」她本想透過賣慘來讓男生關心自己，結果男生秒回了兩個字：「真強。」

妮子不知道怎麼接這句話，她一整晚捧著手機，反反覆覆地盯著這兩個字，恨不得把螢幕盯出一個凹洞來。

妮子說她最近幫男生的遊戲帳號儲值了很多錢，只求男生能夠像往常那樣帶她打遊戲；還送了很多好吃的給男生，甚至大半夜起來幫男生搶演唱會的門票，只求男生不要封鎖她。

她說她知道男生是隱藏得很深的渣男，可就是忍不住想和他還有交集。她說她心裡跟明鏡一樣，可心臟卻像是被手捏著那樣一陣陣地痛。

我寬慰道：「如果一件事在結束時讓你悲痛欲絕，那麼你在這件事中的經歷一定美妙動人。」

妮子：「你說他是怎麼做到在對我好的同時，又神不知鬼不覺地愛另一個人呢？」

我：「喜歡一個人是藏不住的，喜歡兩個就好了。」

妮子：「既然他有喜歡的人了，為什麼還一直對我那麼好？」

我：「在拿到贖金之前，綁匪也會給你飯吃。」

妮子：「為什麼我明明知道他很渣，還是想對他好呢？」

我：「有什麼敵得過心甘情願？有什麼蠢得過自欺欺人？」

妮子：「那我現在該怎麼辦？」

我：「你直接買張機票，去四川，然後叫個車，去樂山，那裡有一尊大佛，你過去，讓那尊大佛挪一下位置，你坐上去。」

我想說的是，你不能靠對別人好，來讓別人對你好；也不能用愛他，來讓他愛你。殘酷的事實是，你對一個人付出越多，只會讓你更愛他，並不能保證讓他更愛你。

他只是喜歡「你對他的好」，而不是喜歡你的「好」。你只是偶爾「被需要」，從來沒有「很重要」。

分手之所以讓人痛苦，是因為分手不僅僅是跟那個深愛的人分手，也是在跟過去的那個「被愛的自己」分手。

有時候，你不願意放下那個讓你痛苦的人，是因為這個人曾讓你感覺到幸福，或者憧憬過未來。

但我想提醒你的是，比乾脆俐落地分手更痛的，是拖泥帶水地耗著。所謂「割捨」就是，疼但正確！

所以，不要把愛意浪費在糟糕的人身上，要盡可能多地愛自己。如果你心裡充滿了愛，你就不會拿著乞丐的缽去求別人填滿。不要將「不愛」視為「需要磨合」。你們這樣並不是磨合，因為只有你一個人在磨損，而他還是像認識你之前那樣棱角分明。

怕就怕，你信仰神明，你研究星座，你在每一個許願池前祈禱，就是不信他不愛你。到末了，你怪那神明不講究，怪那星座不準，怪許願池不靈，就是不怪他騙你。

怕就怕，你一邊大喊著「要翻頁」，一邊又偷偷地摺了個角。

(3)

剛看到一個問題：你是因為哪句話決定不再糾纏的？

我突然想起了某某當年對我說的那句話：「要不你跟別人講，就說是你要跟我分開的，是你提分手。」

我一下子就釋懷了，一是因為她真的好善良，二是因為這場「事故」，她寧可擔負全責，也不想再跟我掰扯，就是讓我離開這件事，她起了善心。

那天，我沒有像電影裡的男主角一樣發瘋，天氣也沒有像電視劇裡那樣突然就下起瓢潑大雨。

那天很晴朗，而且無風，傍晚還看到了超美的晚霞。

人好像都差不多，在丟了一樣東西之後，就會變得不愛說話了。我把自己關在房間裡，把手機裡所有關於她的照片全都刪了，把社交軟體裡所有關於她的動態全都刪了，把所有和她有關的密碼也全都改了，把所有能聯絡到她的方式全都封鎖了，把所有我寫給她的句子全都清空了。

同時刪掉的還有社交軟體的聊天紀錄、看不懂她說的話時的搜尋紀錄、一起吃過飯的餐廳的好評，以及那份錄了很久的、不斷更新的、被我們命名為「要永遠在一起」的影片。

我後知後覺地發現，愛意本就瞬息萬變，「永遠」只是一個助興的詞。

我們用非常體面的方式分開了，沒有謾罵和指責，沒有拉踩和詆毀，也沒有辯解誰的過錯更多，而像是達成了一種共識：我們都挺好的，只是不順路了。

幾年後的一個冬天，我接到了一通陌生來電，是她打來的，她說有同學聚會，問我去不去，我說有事去不了，然後就掛斷了。

又過了幾年，路過她所在的城市，她說請我吃飯，我去了，我們倆全程都在誇那家餐廳的菜好吃，吃飽喝足了，簡單地說了句「拜拜」，然後像真的會「明天見」那樣告別了。

後來有人問了我一個好玩的問題：如果有人把你帶到一個地方，那裡有你曾經失去的所有東西，你最想找到的是什麼？

我回答：「我只想知道，我最想找到的東西是不是也會難過地想要找回我。如果不想，那說明我和它的這場『互相失去』，於它而言是件好事，我就會恭喜它失去我。」

感情問題不是「愛不愛」的問題，也不是誰對誰錯的問題，而是單純的「不適合」。一開始兩個人相互吸引，就誤以為對方是同類，卻忽略了出身、認知、閱歷、消費水準、社交習慣、生活方式的極大不同，所以相處越久，矛盾就越多，即便再小心翼翼，感情仍然會漸行漸遠。

所以，不要用「不夠愛」來解釋所有問題，也不要覺得「足夠愛」就能解決所有問題。如果什麼事都只憑愛意就能解決，那感情世界就不會有這麼多問題無解。

如此說來，很多遺憾並不是真遺憾，而是尚未被確認的「不適合」。

我很慶幸我們能夠如此體面地分開，尤其是當我目睹了很多極不體面的分手。

比如說，A在社交平臺大肆曝光對方的隱私照片，B跑到對方的公司去宣講對方的陋習和醜聞，C為了一隻貓、一隻狗跟對方鬧到了法庭，D在對方婚禮現場大哭大鬧，甚至驚動了警察，E曝光了對方的病歷，還逢人就說對方罪有應得，F三天兩頭就在同學群裡怒斥對方的人品……

從最初的無話不說到最終無話可說，愛過，感動過，也爭取過，這就夠了。往後餘生，不主動提起，不暴露隱私，不惡語相向。畢竟人生這麼長，兩個人能不能在一起、能不能走到最後，已經不是最重要的了，最重要的是，當這段感情塵埃落定，再遙想當年，還能有閃閃發光的地方讓人念念不忘。

最好的分手方式大概就是，雖有不捨，但仍然以禮相待；雖有遺憾，但仍然相信愛情；雖然不再同行，但仍然能夠一個人精彩。

感情的真相是，喜歡的時候是真的喜歡，不喜歡的時候也是真的不喜歡。所以，不

要在相愛時找不愛的證據，也不要在不愛時找還愛著的痕跡；不要在還喜歡的時候去想像「萬一不喜歡了怎麼辦」，也不要在不喜歡的時候去懷疑「曾經的喜歡是不是裝的」。

(4)

一個男生喝醉酒了，突然對女友說：「我很後悔跟你在一起，我喜歡的是我的前任，可是沒有機會了。」

選擇了在一起，卻又滿心是嫌棄，這從本質來說就是，他自身的硬體和軟體都不足以擁有一個各方面都滿意的對象，只好找個不滿意的來出氣。

你可能會覺得奇怪：既然不喜歡，為什麼不提分手？

因為他不想當壞人，所以在想辦法找一個「這不能怪我」的理由。

因為他想給自己的感情留條後路、留個備胎，所以想方設法地藏著掩著。

因為他怕傷害到你，所以有些真話剛到嘴邊就被吞回去了。因為他對你從來沒有講過真心話，就像當初的表白和婚禮上的誓言也都不是真心的一樣。

因為你們倆根本就沒有愛情，只是擔心找不到更合適的，所以只能互相嫌棄地待在一起。

因為你從來沒有問過他「你喜歡我什麼」，當然了，即便你問，你也問不出實情，因為他隨便也能編幾條出來。

一段感情最糟糕的結局不是分手，不是欺騙，不是撕破臉，而是讓你陷在自卑裡，懷疑自己「是不是哪裡做得不夠好」、「是不是不如別人」、「是不是不值得被愛」。

你會心寒，讓你心寒的不是他的長相、家境、收入，而是你在他身上看不到真誠和尊重，看到的不過是他一時的寂寞，是他偽裝出來的人設，是他帶著目的的接近，是他無意間流露出的嫌棄。

而他選擇你的原因，不是他基於對你的瞭解而產生的心動，而是因為你長得還湊合，看起來挺懂事，家境也還行，總的來說是個「不錯的結婚對象」。

分手後，你會試圖用曾經的美好來證明對方是愛自己的，然後分析原因，然後譴責自己不夠好，最後陷入深深的自我懷疑中。

比如說：

我早就知道自己的脾氣不好，為什麼沒有在對方第一次提出的時候就改變自己；我早就知道自己在愛情裡黏人，為什麼沒有在對方想靜一靜的時候就察覺自己；我早就知道自己在感情裡控制欲超強，為什麼沒有在他抱怨的時候就反省自己。

結果是，你一邊對過去的自己全盤否定，一邊對遠去的別人難捨難分。

聽我一句勸吧：請那些差點意思的人帶著他那短斤缺兩的愛趕緊滾蛋。無論這個人值不值得原諒，你都值得還給自己一個平靜的人生。

不要什麼事都從自己身上找原因。一生的輾轉裡，有些人的出現只是為了調整你，本來就不是為了留下你。

不要因為沒能在一起就懷疑這段感情的意義。沒能走到最後，也許是好事。老天庇護我們的方式之一，就是避免更壞的事情發生。

不要為了這麼一點點的愛情就變得可憐兮兮的，要多和能讓你變得珍貴的東西在一起。比如一部電影、一雙鞋、一次旅行、媽媽做的飯、爸爸講的笑話、朋友的問候、寵物的呆萌。

不要自我犧牲。他對你好，你就對他好；他對你不好，你就對自己好。滿意就勇敢，不滿意就換，怎麼燦爛怎麼閃。

也不要再回頭看，誰都不會是原來的樣子。如果對方不再投入了，你是有責任放棄的。

所以我的建議是：

1. 要提早管理風險。

戀愛也好，婚姻也罷，要嘗試讓分歧盡可能早地暴露出來，要敢於講真心話，敢於維護自己的邊界，而不是唯唯諾諾地躲避或討好。

2. 要主動查證。

但凡心動了，就有必要去查證對方的感情狀況。離婚的請提供離婚證書，喪偶的請提供死亡證明。

3. 要相信自己的直覺。

比如，一旦產生了「我受不了他」的感覺，就馬上遠離；比如，一整天不說話不一定有事，但三天不問候一定有問題；比如，不公開的戀情，很可能是在給別人機會。

希望你早日明白，有的人啊，遠看是燈塔，靠近是懸崖。

(5)

電影《分手大師》裡面有一句很經典的臺詞：「上帝很忙，他只教每個人怎麼戀愛，卻忘了教大家怎麼分手。」

所以很多人都選擇了非常錯誤的分手方法。比如突然告訴對方自己喜歡上別人了，比如故意打壓對方，指責對方，故意找碴，故意製造衝突，為的是逼對方主動分開；又比如使用冷暴力，用敷衍的方式讓對方寒心。

感情最殘酷的地方在於，在一起是兩個人的事，需要兩相情願才能確定關係。而分手卻是一個人的事，任何一方想要分開，關係就很難維繫。

一段感情，只有兩個人「同時互相不喜歡」，分手才不會產生傷害。否則，只要愛過，傷害就必然出現。

那麼，當你不愛了，怎麼提分手才能將傷害降到最低呢？

1. 考慮清楚。

不管是因為出軌、性格不合、追求不同，還是單純地因為膩了、不愛了，分開的必要條件只有一個：「我不想繼續了」。

2. 正式道別。

你們可以當面說，可以視訊說，可以留言說，但不要避而不談，不要丟下一個模糊不清的理由然後消失不見。不管是出於對彼此的尊重，還是出於對過去這段感情的尊重，分手需要一個正式的道別。

3. 乾脆俐落。

成熟的分手方式是乾淨俐落，任何的心慈手軟和藕斷絲連，都會給被分手的那個人造成「我還有機會」的幻覺。表面看是保護，實質上是傷害，你以為是站在對方的角度考慮對方的感受，但實際效果是在對方的心裡挖了個洞，你走遠兩步又回頭撒一把鹽。

其實呢，很多傷害原本只是一次性的，可兩個人來回地拉扯，讓那份破碎的愛變成了一把鋒利的鋸子。

4. 要講清楚。

沒有什麼比模糊不清的分手理由更傷人的了。你不必違心地說什麼「我配不上你」之類的鬼話，你誠實講出理由就好了。比如，我們的人生追求各不相同，我們的消費習慣差距太大，我們對彼此越來越沒有耐心，這是深思熟慮的結果，不是一時衝動的狠話，或者我對你沒有感覺了，對這段感情也沒有感覺了，放心，沒有第三者。

每個人都是自由的，不愛了，就好好告個別；回不去了，就往前走。怕就怕，明明早就不愛了，還偏要留在別人身邊，然後裝作很深情、很甜蜜的樣子，那才是真噁心。

5. 保持體面。

這裡的「體面」，不是單純的「你做錯了事，我不戳破，我讓你瞞著」，而是從戀愛之初就很體面。不互相窺探隱私，不拍、不存對方的私密照片。就算最後分開了，也會大方地祝福彼此。

嗯，祝福也是決心要遺忘的意思。

(6)

成年人的世界應該是果斷又乾脆的，不耽誤別人，不消耗別人，不浪費別人，但也不磨損自己。

所以關於「分手」這件事，希望你能明白這六件事：

1. 吵架是不會把相愛的人吵散的，擊敗感情的從來不是某個具體的問題，而是誤會接著誤會，冷戰連著冷戰，是彼此失望時的無法溝通，是情緒上來時的惡語相向。當脾氣上來了，兩個人都忘了對方有多珍貴。而失望就像感情的存錢筒，早晚會存夠離開的車票錢。

2.「不會哄」和「不想哄」是兩碼事，「不愛說話」和「沒話說」也是兩碼事。「需要你」和「你很重要」是兩碼事，「很愛你」和「愛過你」也是兩碼事。

3. 判斷一份感情適不適合自己，你可以追問自己幾個問題：他是否讓我成了更好的自己？在他身邊時，我是否感到舒服？跟他在一起，我有沒有成長？我願意跟這個人吃一萬次晚飯嗎？

成長就是，再也不會為了喜歡的鞋去忍受磨腳的痛苦了。

4. 頻繁地詛咒前任，不是因為前任罪大惡極，而是因為自己過得不好。自己過得好，哪有閒工夫去關心前任的死活？自己過得不好，才會滿腹「痙攣」，才會將自己此時的糟糕怪罪於對方，同時盼著對方遭報應。

5. 你其實沒有你以為的那麼深情或長情，你表現出來的念念不忘或戀戀不捨，只是一個瞬間，只是一種錯覺，過一陣子就風過無痕了。

事實上，很多情侶壓根就不熟，拋掉身體的本能衝動和一時的好感、誇張的想像，可能連普通朋友都做不長。

那麼問題來了，你既不瞭解對方，也不理解對方，卻表現得「離開這個人，我就活不了」，是不是很滑稽？

你說「我的命都可以給他」，可問題是，你的命又不好，為什麼要把不好的東西給別人呢？

6. 不要指責別人狠心。如果你知道一個人曾經因為感情的事情有多難過，如果你知道一個人花了多長時間才恢復了平靜，你就會明白為什麼他後來在新的感情面前會那麼糾結，為什麼他對「允許別人進入自己的生活」那麼挑剔。是的，每一個決定離開的人，都曾在風裡站了很久。

最後，祝我們既有愛一個人的能力，也有離開一段不健康關係的勇氣。

17. 關於努力

世界請別為我擔心，我只想安靜地再努力一下

(1)

人為什麼要努力？

因為我們除了努力，已經沒有別的籌碼了。

因為我們還有想要的東西，還有想達成的願望，還有想保護的人。

因為我們不甘心這輩子就這樣了。

因為我們想要漸入佳境而不是一直原地踏步，因為我們想要身心安頓而不是一生都在顛沛流離。

努力可以趕走「我本可以」的悔恨，可以減少「如果當時怎麼樣就好了」的遺憾，可以給你「我已經盡力了」的豁達。

努力可以獲得選擇的權利，包括選擇喜歡的事情、喜歡的生活方式、喜歡的圈子。

還能為你提供拒絕的權利，包括拒絕不想做的事、不喜歡的生活方式、不想湊合的關

係。

努力可以讓你看到更大的世界，接觸更厲害的人，以及更有自信地面對喜歡的人；可以提升你對生活的掌控感，不會在受了排擠或羞辱時還委曲求全，不會在被裁員或被孤立時手足無措，不會因為幾塊錢的事情就跟人斤斤計較，不會因為錯過了某個機會就認定自己這輩子都翻不了身。

我們的每一次努力，都在增加我們面對這個世界的底氣，都在提升我們作為遊客在這人間的體驗。

怕就怕，你本該有光明的前程，也列了一大堆足以改變命運的計畫，只可惜它們總是被推遲，被擱置，直至爛在了時間的閣樓上。

到末了，明明是努力的問題卻被誤以為是運氣的問題，明明是勇氣的問題卻被誤以為是時機的問題，最後再把所有的「來不及了」和「悔不當初」誤以為是命運本身。

怕就怕，你胸懷大志卻又整天虛度光陰，想要與人平起平坐卻又終日裹足不前，對自己有很高的期待卻又安慰自己平凡可貴，就這麼渾渾噩噩地、隨波逐流地、過一天算一天地混下去。混著混著，青春結束了，只能認輸，只好認命。

怕就怕，看到薪資條的那一刻，你坐在鍋裡都熱不了自己的心。

一個善意的提醒：不努力的話，聽到的消息，都是別人的好消息！

(2)

想像一下，你二十歲開始學滑板，一開始總是摔倒。有人嘲笑你：「你也太笨了，我四歲的兒子都滑得比你好。」你嘿嘿一笑，繼續練習。

練了好幾天，還是經常摔跤，有人跑來教育你：「找重心，找重心，哎呀，重心都找不到，真是笨死了，你不摔倒才怪呢！」你嘿嘿一笑，繼續練習。

幾個星期之後，你終於可以平穩地滑行一小段距離了。可還是有人嘲笑你：「練這麼久了，還是這麼菜啊。」你嘿嘿一笑，繼續練習。

幾個月以後，你越來越熟練了，還學會了跳躍，嘲笑你的人不見了，教育你的人偶爾還在一邊指指點點。你嘿嘿一笑，繼續練習。幾年之後，你加入了滑板俱樂部，還參加了專業的比賽，得了很多獎。俱樂部的老闆把你的照片貼得到處都是。你的親戚朋友開始到處講你的傳說，你成了很多滑板愛好者的偶像。你嘿嘿一笑，繼續練習。

真正努力過的人都明白：透過努力換來的，不是現實生活的一帆風順，而是內心世界的和平安寧。

不妨回頭看看自己這些年的努力成果：

曾經那個只會在教室裡寫題目，不敢出遠門，不敢跟人打招呼，不知道怎麼買票進站，不知道怎麼查看導航，一到陌生地方就迷路的你，如今已經能夠從容地在一座巨大的都市裡獨自生活。

曾經那個連坐公車都緊張的你，現在也能一個人拉著行李箱在巨大的人潮裡獨來獨往。

曾經那個一吃虧、上當就懊惱自責的你，已經變得從容了很多，不會再因為錯過一次航班、一件特價商品、一個機會、一個人而感到焦慮、自責、自我懷疑了。

曾經那個唯唯諾諾、又卑又亢的你，已經變得堅定了很多。你知道自己該做什麼，絕不會拖拖拉拉；知道自己不必做什麼，絕不會扭扭捏捏；知道自己想要什麼，絕不會瞻前顧後；知道自己不想要什麼，絕不會委曲求全。

當你覺得累了，不要急著放棄，要去跟困難打個招呼：「喂喂喂，別走開，我休息一下，馬上回來。」

不用急著長大，這個世界不缺大人；但不要停止成長，這個世界不慣著弱者。

(3)

有個男生傳給我一封很長的私訊，大致意思是：他對這份工作已經沒什麼熱情了，主管說什麼就是什麼，說怎麼做就怎麼做，錯的也是對的，不合理也去執行；不是自己的事堅決不做，是自己的事能推就推；上班是壓線打卡，下班是準點打卡，絕不在公司多待一秒鐘；大大小小的團體活動一律不參加，拚了命地降低存在感；在群組裡發言討論的次數屈指可數，對公司的前途命運毫不關心。

用四個字總結就是：去意已決。

他說：「我今天能同理樓下大嬸養的那隻大公雞了，開始理解牠為什麼大清早醒來的第一件事是大聲尖叫。」

我笑了好半天，後來問他：「你在煩惱什麼？」

他說：「老闆輕視我，每天安排給我的都是既麻煩又沒意思的事情，一工作就想發火。我實在是做不下去了，我準備去創業。可是不確定該做什麼。我想先找個學長問一問，聽說他炒股賺了不少錢。有個親戚開了一家火鍋店，我也準備去看看，學習一下。實在不行的話，就去學直播帶貨，感覺那個很賺錢。」

我很認真地敲了一行字發給他：「創業是原本就很優秀的人在原有崗位上已經不能讓他充分施展才華，所以去創業，而不是單純地不想上班或者想賺快錢。」

離職跟離世差不多，你以為自己會脫離苦海，會投胎到一個更好的地方，會過得比

現在更快樂，但很有可能只是換了一片苦海。

在職場，好的待遇是爭取來的，不是爭來的。「爭取」意味著交換，用「我有的」來換「你有的」。而「爭」只意味著「強求」，想當然地認為「我想要什麼樣的待遇，你就應該給我，別管我厲不厲害，有沒有創造價值，你都應該給我」。

可問題是，你手裡沒有牌，再怎麼巧舌如簧也不過是像深閨怨婦。

職場很殘酷，只看結果，不問過程。結果是好的，你就是寶貝，哪怕你整天心猿意馬；但結果不好，你就是渣渣，哪怕你天天都在殫精竭慮。

現實也很殘酷，這個世界沒有人會幫你生存，他們只會榨乾你的價值，然後任由你自生自滅。

所以我的建議是：

要扎根，要把會做的事情做紮實，這遠比立 Flag 或者到處吹噓管用。

要學習，要把規律摸透，這遠比找捷徑或者奇技淫巧管用。要升級，要讓長處更長，這遠比「一有不爽就換工作」或「一有難題就消極厭世」管用。因為你根本就逃避不了，你不過是在用一些困難去交換另一些困難，而已。

有人祝福說「你值得更好的」，但並不等於「你會得到更好的」。「更好」需要你「更努力、更有本事」才能配得上。

人生不能坐著等待，因為好運不會從天而降，即便是「命中註定」，你也要自己去把它找出來。

一個善意的提醒：「若無其事」的另一種解釋是，當你弱到一定程度，就沒你什麼事了。

(4)

關於職場，我看到過一段精彩的描述：「職場可以簡化為『憑本事吃飯的地方』，同事可以簡化為『同一個大鍋子裡撈飯的飯友』，職場關係可以簡化為『我想多撈一碗，前提是幫別人也多撈一碗』，職場原則可以簡化為『我不去動你碗裡的，你也別來動我碗裡的，你要我幫你多撈一碗，那麼你得開個合適的價格』。」

那麼，作為普通人該如何在職場安身立命呢？記住這五點：

1. 避免和「不高效做事」的人合作。

職場中，有相當大一部分痛苦是由「不高效做事」的人製造的。他明明有能力，但做出來的東西非常糟糕。他明明很專業，但講出來的依據很業餘。因為他有能力，而且大家都相信他的能力，所以對他寄予厚望；因為他很專業，而且做過很出色的方案，所以大家都對他深信不疑。

可是，一旦他想偷懶，或者他最近的心情不好，或者他想跟誰對著幹，那麼你的計畫就會受挫，整個專案的效果就會極差。

2. 能力不配和德行不配一樣糟糕。

如果一個人沒什麼競爭力，沒什麼核心技術，沒什麼特長，也沒創造什麼價值，那麼在職場中被輕視、被淘汰是早晚的事。

不用可憐那些因為能力弱而被淘汰的人，他們很可能只是習慣了享受「鐵飯碗」而無視了競爭，只是安逸太久而忽略了保持競爭力。

3. 工作的地方最適合做的事情只有工作。

不要有「我一定要交到朋友」的想法，不要因為看到別人優秀就想著討好，也不要因為不合群就刻意逢迎。很多職場裡看似親密的關係，一旦產生了利益糾葛，瞬間就會被證明只是「海砂屋工程」。

4. 工作和事業是不一樣的。

「工作」意味著你經常需要其他人告訴你要做什麼事，而「事業」只需要你告訴自己要做什麼事。要找到你想花更多時間去從事的事業，而不是試圖減少你花在工作上的時間。

5. 你是來賺錢的，不是來得內傷的。

為什麼你總想發火？為什麼無心工作？為什麼總想離職？是不能勝任，不喜歡，還是覺得沒前途？找到問題，解決問題，無痛打工。

如果確實解決不了，而自己又暫時不想離職，那就提醒自己：忍住不發火也是工作的一部分。

嗯，年輕人一定要有自己的想法：不想運動就不要動，不想戀愛就不要愛，不想結婚就不要結，不想上班就不要想了。

不用擔心你將來會被人工智慧代替，一台機器需要幾百萬元，壞了還要花錢修，而你卻可以連續通宵工作，身體不舒服會花自己的錢去看醫生，請假了還能扣你一筆錢，老闆為什麼不用你？

也不要再說沒有人愛你了。你這麼年輕，薪水又低，又肯加班，哪個老闆會不喜歡你？

(5)

為什麼有的媽媽會因為孩子弄丟了一百塊錢，先是打罵孩子，然後號啕大哭？因為這一百塊，需要她忙碌一整天才能賺到。

為什麼「宰相肚裡能撐船」？重點在於他是宰相，而不是寬容的品格。事實是，過得好的人更容易成為好人。

成年人的努力往往都奔著一個功利的目的——賺錢。

賺得太少，生活的品質就會降低一個等級，對未來的希望也會被砍掉一大截。以前很感興趣的東西或者事情，都會變得無感；面對他人的邀約或者告白，都會習慣性地拒絕。因為怕自己還不起，因為怕自己配不上。久而久之，你就會活得處心積慮，錙銖必較，謹小慎微。

人到了一定的年紀就該明白：親情、友情、愛情都很功利。誠如老話說的那樣：「有錢的王八大三輩，沒錢的爺爺是孫子。」錢就像水泥，可以加固我們命運的護城牆，還可以堵住別人的嘴巴。

當別人質疑你「怎麼還單身？怎麼還不結婚？怎麼還不生孩子？怎麼還不生二胎？怎麼會想分手？怎麼會想離婚？病了怎麼辦？老了怎麼辦？」的時候，你只需要說：「我有錢啊！」

反之，沒錢給人帶來的是不體面，是擁擠混亂，是敏感脆弱，是摳摳搜搜，是一點小事都要瞻前顧後，是一點小錯就覺得「人生要完了」。

當你的收入增加一倍，指點你應該如何生活的人就會減少一半。所以，別期望被理解，用實力去爭氣。

錢就像通往理想生活的橋梁，我們需要它，但我們不能住在橋樑上，再大的橋樑也是為了到對岸去。

錢就像汽油，我們需要它，但我們不必住在加油站，加油的目的是享受旅途。

錢是我們的體驗券。

到同一座城市，你搭飛機頭等艙到達和坐老舊火車到達，你住青年旅舍和住星級飯店，你自己開車四處遊玩和用腿溜達，你叫計程車和擠公車，你去需要買票的景點和免費的景點，你的感受、對這座城市的印象是完全不同的。

因為你的行動軌跡、消費水準決定了你會遇到什麼樣的人，能得到什麼樣的服務，會看到什麼樣的風景。

如此說來，努力賺錢的意義，不是我們需要很多錢，而是需要錢帶來的自由。

富有不是富有金錢，而是富有選擇。

比如說，遊樂園裡賣的氣球和網路上賣的氣球沒什麼區別，但有錢的話，你就可以隨心所欲地買下來，它不是什麼奢侈品，也不需要鉅款，但它就是有點小貴，別人都說不值得，但是，在人生的那個美好時刻，你能以一種輕鬆的心態買下這個討自己開心的東西，那感覺棒極了。

所以，別人都在嘲笑買櫝還珠之人的愚蠢，而我更想祝你有買櫝還珠的資本。

關於金錢，我也要提六個醒：

1. 別總是把「沒錢」掛在嘴邊，你不說，別人也看得出來。
2. 從現在開始，你可以把那些花在喜歡的東西和事情上的錢，統稱為「精神維護費」。
3. 其實你也沒花什麼錢，只是因為你的錢少，所以顯得花了很多。
4. 窮只是表象，貧窮是窮人身上最表面、最不起眼的缺點。
5. 大部分的貧窮都會呈現出一種病態，比如不良的生活、不好的環境、糟糕的邏輯、貧瘠的認知。從這個角度來說，努力賺錢就是在治病。

6. 就算你賺的只是小錢，它也會成為你的保障和底氣。來路清白的錢、自食其力的本事，好過任何的紙上談兵。

要永遠記住，活著就得耗腦力。如果不是在賺錢上耗腦力，那麼就得在花錢上耗腦力。懶得耗腦力賺錢的人，就得耗腦力過日子。而殘酷的現實是，過窮日子，最耗腦力。

18. 關於選擇

人生只有取捨，無法都要

(1)

你是不是經常後悔：後悔做了一些錯誤的選擇，以致現在的生活一團糟；後悔沒有主動，以致錯過了喜歡的人；後悔不夠果斷，以致錯失了絕佳的機會；後悔思慮不周全，以致造成了不可挽回的損失；後悔不夠努力，以致沒能過上自己想要的生活；後悔沒有多花一些時間陪伴父母或者孩子，以致缺席了父母的晚年或者孩子的童年……

你是不是常常責怪自己：填志願那麼大的事，我當時怎麼就不多問問別人呢？我的大學四年都浪費了，天天打遊戲，太沒出息了！我不喜歡這個工作，但不做這個，我還能做什麼？都怪自己太菜了。

你是不是做了很多的假設：如果當時再努努力就好了，如果當時換一個科系就好了，如果當時沒來這個城市就好了，如果當時再去見一面就好了，如果當時不去這個公司就好了，如果當時沒離職就好了，如果當時留在老家就好了……

人常常會誤以為，沒有走的那條路開滿了鮮花。

為什麼人生有那麼多的遺憾和後悔？

因為人對失去比得到更敏感。相比於已經獲得的好處，人總是會更加在意沒得到的好處。比如陪伴家人和忙於事業，比如穩定和薪水，比如壓力和進步。不管你怎麼選擇，「後悔」的理由都很充分。

人性就是這樣，總是更多地關注已經失去的和永遠也得不到的東西，同時極盡所能地美化已經失去的和永遠也得不到的東西。

還因為你總是拿既成事實與美好想像對比，拿塵埃落定的結果去倒推沒有提示的當初，於是你得出了一種假設：如果選擇另一條路會更好；如果沒有放棄會更幸福。

但實際上，你如今懊悔得直捏大腿的決定，在當時也是權衡利弊之後才做的決定；你回首往事覺得熱淚盈眶的快樂日子，在當時也許並不像你現在認為的那麼快樂。

所以我的建議是，不要因為結果不盡如人意就美化自己當初沒有選擇的那條路，不要用現在的生活條件去審視處處匱乏時的自己，不要用現有的認知水準去批判懵懂無知時的自己。

拿現在的見識和能力去看待從前的問題，就像一個三十歲的人去處理六歲小孩的難題。就算是回到從前，你還是那個六歲的小朋友，你擁有的也只是六歲的見識和六歲的能力，你最終還是會做出當初的那個選擇。

比如翻看上學時的書本，你會感慨：「哎呀，以前就背這麼幾個單字、這麼一小段古文，就天天喊累，真是太差勁了。」

其實不是那時的自己差勁，而是那時的自己確實很小，你不知道那個單字是什麼意思，你也不懂那句古文有什麼美感，卻還要硬著頭皮背下來。

比如想起初入職場的糗事，你會說：「實在想不明白，服軟就能過去的事，為什麼我偏要硬碰硬，那時的我怎麼那麼傻呢？」

其實那時的你並不是傻，而是有原則、有棱角，你只是在跌跌撞撞地尋找和這個世界相處的方法，這才有了如今的你。

站在現在的高度回望過去的自己，是為了更好地理解和接納過去的自己，而不是為了批評自己、嘲諷自己、瞧不起自己。事實上，昨天的、今天的、明天的你，每一個都缺一不可。

(2)

再講兩個寓言故事。

第一個故事的主角是一頭毛驢。牠很餓很餓，可身邊有兩捆完全一樣的草料，它站在中間左右為難，不知道該先吃哪一捆才好，結果活活餓死了。

第二個故事的主角是一匹母狼。牠的兩個孩子被兩個牧童抓走了，兩個牧童分別爬到兩棵樹上，還故意弄得小狼痛苦號叫。母狼站在兩棵樹中間，焦急地撲騰，卻不知道該先救誰，結果累得氣絕身亡。

是不是覺得這二位既可笑，又可悲？但其實類似的情況頻繁地在我們身上上演。

比如選科系，有兩個方向，一個是你喜歡的，但就業前景不明朗；另一個就業前景很光明，但你不太喜歡。

比如找工作，有兩個職位，一個錢多事多，你得放棄休息；另一個錢少事少，你得放棄錢。

比如找對象，有兩個選項，一個有前途，但沒時間陪你；另一個能陪你，但沒什麼前途。

結果是，你什麼都想要，什麼都不肯放棄，最後什麼都沒有得到。

事實上，你不是在害怕選擇，而是在害怕失去。

你認為凡是選擇就有對錯，凡是對的就是好的，凡是錯的就是壞的。而好與壞的選擇又對應著職場、情場和生活上的輸贏得失。

讀書的時候，正確答案意味著「你好聰明啊」和「恭喜你又得了第一名」，而錯誤答案意味著「你怎麼這麼笨呢」，或者「你能不能認真一點」。

畢業之後，正確答案意味著更高的收入和更高的社會地位，而錯誤答案意味著被邊緣化或者被淘汰。

社交的時候，正確答案意味著合群和被認可，錯誤答案意味著被冷落和歧視。

久而久之，你被馴化成了「必須找到正確答案，否則一切毫無意義」的物種，你會在潛意識裡認為：任何問題都有唯一的正確答案，除此之外都是有害無益的錯誤選項。

比如你會認為，膚白貌美是正確的，皮膚粗糙是錯誤的；瘦肉是正確的，肥肉是錯誤的；頭髮多是正確的，頭髮少是錯誤的；笑是正確的，哭是錯誤的；幸福是正確的，痛苦是錯誤的；結婚是正確的，單身是錯誤的；生孩子是正確的，頂克是錯誤的；瘦是正確的，胖是錯誤的……

結果是，你怕老無所依，又嫌養孩子麻煩；你想得到一段穩定的感情，又擔心失去自由；你渴望戀愛帶來的幸福，又擔心戀愛帶來的麻煩。

你既怕選錯，又怕錯過；你既想得到，又怕失去；你既想獨特，又擔心跟別人不同；你既糾結於「正不正確」，又難受於「喜不喜歡」。

你一輩子都在猶豫，等到實在沒辦法了，就胡亂選一下，看到結局不滿意，就到處哀嘆「要是當時……就好了」。

我想說的是，成年人的世界沒有那麼多「意料之外」，基本上都是「因果報應」。現在的你是過去的你一點一點雕刻出來的，未來的你是現在的你一票一票投出來的。

事實上，每一個選擇都至少包括兩個方面：一是我想得到什麼，二是我願意承受什麼。

所以，不要擔心「怎麼選才是對的」，因為怎麼選都是對的，怎麼選也都會有遺憾。

不要問哪個行業更可靠，哪個職業更有前途，哪座城市更有發展潛力，對普通人來說，這些問題沒有標準答案。與其糾結什麼是更好的，不如找到什麼是我想要的、我期待的、我喜歡的、我特別想做好的，然後堅持做下去。

不要糾結於誰能陪我走到最後，誰是對的人，和誰在一起會永遠幸福，人都是會變的，與其糾結誰是「對的人」，不如選擇我心動的、我癡迷的、我當下在乎的那個人，然後一心一意地在一起。

不要卡在「是不是」、「應不應該」、「好不好」、「行不行」、「對不對」裡面，要專注於「我可以跟別人不一樣」、「我就是想試一試」、「我可以承擔後果」、「我不想聽你的」、「我樂意，你管得著嗎」。

命運給你的東西，不要輕易閃躲；命運讓你失去的東西，也不要執意強求。人生只有取捨，無法都要。

(3)

有一期TED演講的主題是「你其實不知道未來的自己想要什麼」。

主講人說他十二歲時酷愛足球，踢球把腿都摔斷了，還要強忍著走很遠的路，去看一部足球電影。但如今五十多歲了，他已經不是足球迷了，他現在喜歡的是橄欖球。

他說：「這是十二歲的我無法理解的，十二歲的我會把這視為背叛。」

主講人又講了女護理師史蒂芬的故事。史蒂芬看護過很多重症病人，發現他們的生活品質極低，於是她對丈夫說：「如果我哪天身患絕症，請一定不要延長我的痛苦。如果我哪天病成那樣，你就一槍打死我。」

幾十年後，史蒂芬得了一種絕症——會在某一天無法自主呼吸。

當史蒂芬被送到醫院時，搶救她的醫生問：「夫人，要不要我們幫你裝上呼吸機？」

史蒂芬說：「要。」

史蒂芬的回答讓丈夫很吃驚，丈夫以為她會選擇有尊嚴地死去。

第二天，丈夫問她：「昨天醫生問你是否要使用呼吸機，你說了『要』，是真的想要嗎？」

史蒂芬說：「是的。」

三十九歲時，史蒂芬很健康，但五十九歲時，史蒂芬身患絕症。對於三十九歲的史蒂芬來說，五十九歲的自己就像一個陌生人。

這讓我想到了一些老菸槍，你怎麼勸，他都不戒菸，態度還特別囂張。「不抽菸，活著還有什麼意思？」、「就算真的得肺癌了，我也活夠了！」

但如果真的檢查出肺癌了，他馬上就戒煙了，醫生說做什麼就做什麼，秒變「模範病人」。

人其實都差不多，在真正的生死關頭，絕大多數人都還想「再活五百年」，就算是平日裡言之鑿鑿，講「真得病了也不用救」的人，絕大多數也不過是「打嘴炮」而已。

人都是這樣，回看過去，總是能夠清楚地看到自己的變化。但是展望未來，只會把未來的自己想得跟現在一樣。

實際上，人是會變的，像手機軟體一樣，每經歷一些事就會「更新」一次，你的想法、觀念、需求也在不斷改變。

比如十幾歲的時候總盼著一場轟轟烈烈的戀愛，快三十歲了卻再也不吃愛情的苦；比如上學時總是為了前途拚命苦讀，畢業後卻總是懷念校園裡的琅琅書聲；比如曾經以為可以永遠的朋友不經意間都走散了，後來無意間認識的朋友卻相處了很久；比如小時候對芹菜的味道深惡痛絕，長大了卻愛得如癡如醉。

當你二十八歲時，你會譴責十八歲的自己：「那麼年輕，為什麼不勇敢一點呢？那麼好的機會，為什麼沒有再努力一點呢？那麼好的人，為什麼沒有去告白呢？」

當你三十八歲時，你又會譴責二十八歲的自己：「那麼糟糕的人，為什麼不早點離開？那麼多時間，為什麼沒有早點開始健身？那麼窩囊的工作，為什麼非要死守著？」

都說人生如戲，但其實每個人對自己的人生劇本知之甚少。你只是人生這齣大戲裡的一個角色，那個年紀的你，經驗有限，認知也有限，你只有幾句臺詞，你不知道人生這齣戲的劇情走向，就算你反覆推演，來回假設，你也只有那幾句臺詞，演完了，你就得默默退場，等下一個年紀的自己上場。

到時候你能做的，還是把那幾句臺詞背熟，把那幾場戲演出色，然後，對過去的自己說：「你已經很棒了，後面的交給我吧。」

所以，不要用現在的認知和感受去看待未來的自己，過去的你很可能會崇拜現在的你，但未來的你很可能會為現在的你感到尷尬。

當你跟某某說「我愛你，至死不渝」的時候，你其實是讓一個陌生人（未來的自己）去信守這個諾言，可未來的你不一定會同意，他甚至會反問你：「是什麼讓你認為這就是我想要的？」

換言之，不要預設跟某人共度一生。

當你在社交媒體上高談闊論，當你對不認同的觀點冷嘲熱諷，當你跟意見不合的人針鋒相對的時候，請記得提醒自己：「那個跟我唱反調的人，很可能是未來的我自己。」

換言之，要給自己留有餘地。

當你告訴自己「我不行」、「我沒有那個本事去創業」、「我都這麼大了，沒機會再去學一門語言」、「我不敢結婚，我不會照顧人」的時候，你得明白你真正的意思是：「我今天沒有能力做那些事情，但並不意味著我明天沒有能力做那些事情。」

換言之，不要急著下定論。

(4)

有一個好玩的問題：假如遇到了從前的自己，該對他說點什麼？有個高讚數回答是：「那頭倔強的驢子能聽進去什麼呢？」是的，結婚，你會後悔；不結婚，你也會後悔。友善待人，你會後悔；不友善，你也會後悔。信任一個人，你會後悔；不信任他，你也會後悔。

人們所做的絕大多數反思或者調整，只是在修正他們最近發生的那次「不及預期」，跟「正確」的關係不大。

關於選擇，希望你能想清楚這四件事：

1. 不要將「永遠」和「成功」捆在一起。

比如你開了一家咖啡店，這給你帶來了很多快樂，但隨著經營成本的提高和經營壓力的增大，你最終決定關掉這家店。外人對此的評價是：開店失敗。

比如你和某某結婚，某某滿足了你對婚姻的美好想像，但後來感情變淡了，又發生了一些矛盾，最後你們決定離婚。外界對此的評價是：失敗的婚姻。

美好的事情確實是結束了，但這並不能改變「它曾經美好」的事實。你可以難過，可以追憶，但不要否認它。

某一刻心動了，某個瞬間超喜歡，當時願意，這就夠了。

這一生，能找到幾件讓自己快樂且想做的事情，能遇到某個讓自己心動且歡喜的人，這本身就是一種幸運。

更幸運的是，你的快樂是因為過程，不是因為結果。

2.有的後悔只是一種錯覺，你並不是真的在後悔什麼。

比如說，本來覺得不怎麼樣的戀人，當你徹底失去了，你會覺得可惜；本來不太喜歡的玩具，當你發現再也找不著了，你會覺得可惜；本來不合你的胃口的水果蔬菜，等你發現過期了，你會覺得可惜。

但如果他們原樣出現在你面前，你依然是不喜歡，不珍惜。

3.你不是生活的受害者，你是生活的創造者。

你永遠都有選擇。你可以做任何事，比如把衣服反著穿，跟錯誤的人約會，選擇不適合自己的工作，如果你願意，你甚至可以吃土……不管你打算做什麼，都不會有人阻止你，宇宙也不會跳出類似於「你確定嗎」這樣的視窗。

你永遠都在做選擇。當你告訴自己「我不行」時，當你待在一個沒前途的職位上混吃等死時，當你用拖延來逃避時，你其實就是在做選擇。是的，改變是一種選擇，不改變也是一種選擇。

4. 漫漫人生路，不及預期是常有的，悔不當初也是正常的。「要是當初……就好了」，背後隱藏的觀念是「沒有走的那條路會更好」，但實際上每一條路都有人在後悔。比如你問「什麼科系千萬不要讀」，你會發現幾乎所有的科系都榜上有名。

所以，不要用過去的諸多不幸來解釋現在的駐足不前，而是要認真思考，要親自決定下一秒的自己該成為什麼樣的人。

如果你對曾經的某個選擇感到後悔了，可以試著反思一下：是不是把沒有走的那條路想得太好了？在當時的情況下，是不是有能力、有機會、有資格做別的選擇？你後悔的這個選擇，真的一無是處嗎？

為了盡可能地減少後悔情緒，我再提四個你愛聽不聽的建議：

1. 做選擇的時候，把你想要的、想規避的和願意承受的，統統寫下來（一定要寫，而不是想），假如將來後悔了，就拿出來翻一翻，非常有用。

2. 再三跟自己確認「我不想要什麼」，如此一來，即便那個選項好處很多，你也堅決不選。即便「條條大路通羅馬」，你也可以選擇「不想去」。

3. 想一想自己得到了什麼。比如說，你後悔進入某個行業，但這份工作讓你認識了新朋友；你後悔愛上某個人，但這份心痛讓你學會了愛自己；你後悔放棄了兒時的夢想，但這次失去讓你知道什麼更重要。

4. 反覆提醒自己：當下就是上上籤。過去發生的一切，不論多麼荒誕不經或多麼悔恨難平，都是你在當時的心智和認知下，在當時的已知條件下，綜合判斷做出的最合理的選擇。

不要沉溺在消極的情緒裡，當一杯牛奶打翻了，再倒一杯就好了。不要成為你過往的囚徒，那只是一堂課，不是無期徒刑。

Part 4

這世界就是一個巨大的舞台

所謂祛魅，就是消除對完美的盲目崇拜，停止對權威的盲目順從，

清除對仰望的人、得意的事、喜歡的物的美顏和濾鏡，

不再高估別人的美好，不再裝腔作勢地活著，

也不以偏概全地看世界。

19. 關於婚姻

婚姻不是洪水猛獸，也不是福地洞天

(1)

不知道從什麼時候開始，「婚姻」這兩個字越來越沉重。未婚的用「不婚主義」和「單身貴族」來反抗婚姻，已婚的用「圍城」和「墳墓」來嘲諷婚姻。

為什麼婚姻帶來的不是「幸福」，而是「委屈」？

因為很多人並沒有嫁給或者娶到自己真正喜歡的人，只是退而求其次，像完成某個任務一樣，隨便找了個差不多的人湊合過日子。因為結婚之前，你以為生活是琴棋書畫詩酒花；而結婚後，你發現生活是柴米油鹽醬醋茶。

因為結婚之後，兩個人的「付出」都被家庭瑣事、房貸車貸、老人孩子、誤會爭吵消耗了。「兩個人賺錢一堆人花」的感覺當然不如「一人吃飽，全家不餓」。

因為媒體推送給女人的內容是「不結婚，芳齡永繼」，推送給男人的是「不結婚，仙壽恆昌」。

因為兩個人都覺得自己是婚姻的受害者，都只看到自己的付出和委屈，卻無視了對方的付出和委屈。

他沒時間陪你，你覺得委屈，但他忙得不能按時吃飯，還要在酒桌上端著酒像孫子一樣一一敬酒，也很委屈。

你忙了一天回到家發現沒飯吃，覺得好委屈，但她哄了一天小孩，還有一堆衣服要洗，也很委屈。

因為很多人在潛意識裡認為結婚就應該是幸福的，一旦婚後不如意，自然就會滿腹牢騷。

就像參加抽獎，你覺得自己傾盡所有就一定能抽中大獎，但開獎結果一直是「謝謝參與」，心態自然就崩了。

因為婚姻實在是太複雜了。雞毛蒜皮，收入，生養孩子，原生家庭，各自情史……在婚姻裡不是只有你們兩個人，還有各自的父母、兄弟姊妹、親戚朋友……你很難兼顧所有人的感受，也很難滿足所有人的期望。

因為有些人習慣了抱怨，他們只是習慣性地強調婚姻帶來的麻煩，卻對婚姻帶來的好處閉口不談。

就像有的人選擇了清閒的工作，就抱怨薪水低，但他們很少提及上班悠閒、壓力小。

就像有的人買了市中心的大房子，總是抱怨房貸高、管理費貴，但他們很少說物業服務好、生活方便。

因為委屈是某些人生活的「主旋律」。不管是在家，在學校，在職場，在社交，在感情中，也不管是八歲、十八歲，還是八十八歲，只要活著，他都覺得自己委屈。

即便他不結婚，沒有另一半，他也會因為「誰誰去旅遊了，但我去不成」而委屈，會因為「沒地方停車」而委屈，會因為「別人比我長得好看」而委屈，會因為計程車司機不能飛過擁塞路段而委屈。

因為有的人常常誤將「事情」跟「自我」捆綁在一起，一旦另一半否定了自己的觀點或努力，就覺得對方是在否定自己。

比如說，你做了一桌子菜，他嘗了一遍，讚不絕口，但吃到茄子的時候說了一句「這個有點鹹」，你瞬間就不高興了，「我辛辛苦苦，你居然講這種話」、「我的付出毫無意義」、「我好委屈」。

因為人性就是不知足的，嫁給窮人，會愁沒錢；嫁給富人，怕他花心。娶漂亮的，怕她被人惦記；娶踏實的，又看不上她的顏值。因為相處的時間久了，激情淡了，心也累了。誰在席終人散以後，食欲還像剛入座時那麼旺盛？哪匹馬在漫長的跋涉之後，還能像剛啟程時那般神采飛揚？

因為很多人對伴侶的要求太高了，他們把自己做不到、得不到的，統統寄託在伴侶身上。

自己活得死氣沉沉，卻盼著對方能駕著五彩祥雲過來拯救自己，讓自己暗淡的生活馬上變得七彩斑斕，讓空洞的靈魂變得生機勃勃。

自己過得既不開心，又沒意思，卻希望對方能給自己帶來十足的安全感和快樂。

自己的脾氣大，看不上這個看不上那個，卻希望對方能接住自己所有的壞情緒，時時事事都哄著自己，順著自己。

自己一個人的時候擺爛、躺平，卻希望對方上進又自律，既會賺錢又養家，把全部薪水都給自己花。

一旦對方不能滿足自己的要求，就覺得委屈：「唉，我怎麼就瞎了眼看上了你。」

還因為，你沒有你想的那麼好相處，而你又不願意承認這一點，所以你就怪婚姻。假如不結婚，那「過得不好」就只能從自己身上找原因。

於是，你說是婚姻的問題，是生孩子導致的生活一團糟，是婆婆導致的家裡烏煙瘴氣，是伴侶變得沒那麼愛自己了……總之一切都跟你無關，你只是受害者。

如果，我是說如果，如果某天，遇到某人，你覺得與他一起生活，勝過你自己獨

活，那就與他結婚。但如果這份勇氣換來的只是怨氣，那也要勸自己想開，畢竟，每個人都有自己的報應。

(2)

有兩組對話，特別好玩。

第一組是在餐桌旁。

女：「你拿著鍋子要幹嘛？」

男：「把它丟了。」

女：「為什麼？」

男：「用它煮的菜太難吃了。」

第二組是在廁所裡。

女：「馬桶裡的尿是留著有什麼用嗎？」

男：「沒用啊。」

女：「真的沒用？」

男：「沒用。」

女：「那就好，我以為你留著有用呢。一不小心沖掉了，嚇死我了。」

男：「啊，沖掉是對的。」

女：「原來該沖啊，那我沒沖錯哦？」

男：「沒錯沒錯……我以後記得沖馬桶。」

女：「好，那你以後自己沖，要不然我都不敢碰你的東西，我怕你怪我。」

男：「不怪你，怪我，我以後一定記得沖。」

關係和諧的夫妻都有一個共同點：一定有一個「大度的人」或者「善於解決問題的人」。要嘛是女方不和男方一般見識，要嘛是男方不和女方斤斤計較。

難怪有人說：兩個太精明的人，婚姻是很難有趣味的，最好是一個精明的人跟一個傻瓜玩。當然了，兩個傻瓜玩得會更嗨。

其實誰家的鍋底都有灰，誰的日子都是一地雞毛，只不過聰明的人在看到事情要變得糟糕的時候，會立刻選擇先避讓。而那些經常吵架的夫妻是，你嗓門大，我的更大；你有脾氣，我更有脾氣。

於是慢慢從小吵小鬧發展到大吵大鬧，最後不可收拾。什麼樣的夫妻關係才算是健康的呢？

你知道對方到底是怎麼想的，所以無須費心去猜。你享受這段關係的「現在」，而不是把一切美好都寄託在未來。你們會有矛盾，但兩個人都在想辦法解決矛盾，而不是放縱情緒去毀滅這段關係。

你不需要假設，不需要等待特定的節假日，不需要特別的儀式，就能感受到這段關係的美好。你不需要為了這段關係委屈自己，即便在某些事情上做出了妥協，你也不覺得有損人格、尊嚴。你每一次的改變或守舊，都能得到理解、支持、讚美，而不是無視、挑剔、打擊。最最重要的是，你喜歡和對方在一起時的自己。這意味著，你們在精神上是門當戶對的，你們不僅是生活中兩情相悅的戀人，也是人生戰場上生死相交的盟友。

(3)

婚姻裡最可怕的是什麼？

不是第三者插足，不是天災或者人禍，而是兩個人在小事上沒完沒了地拉鋸，是日積月累的互相折磨。

比如說，他選的電影不好看，你整場都在喋喋不休；你買的東西華而不實，他一整天都眉頭緊鎖；他開車開錯路了，你就一路罵個不停；你弄丟了手機，他就指責個沒完。

又比如說，給孩子穿什麼衣服要爭執，報不報才藝班要爭執，給不給小孩看動畫片要爭執；孩子感冒了，他說是你幫他換衣服導致的；孩子拉肚子了，你說是他做菜沒洗乾淨……

更可怕的是：有的男的，誰的妻子他都感興趣，就是對自己的妻子沒興趣；有的女的，誰的丈夫她都覺得好，就是對自己的丈夫「哪裡都看不上」。

糟糕的夫妻關係往往是這樣：對對方沒有愛，也沒有任何期待；所有的希望都變成了失望，所有的美好幻想都變成了一地雞毛，所有的溝通交流都變成了「一言不合就火力全開」。

本來是抱著好好過日子的心態結婚的，以為兩個人可以相互扶持、同甘共苦，可後來卻發現，生活的暴風雨只有自己在擋，生活的重擔也只有自己在扛，可即便如此辛苦，依然得不到另一半的理解和尊重，有的只是不耐煩和瞧不起。

久而久之，原本溫柔的心慢慢變硬，原本滿是期待的心情也變得失望透頂。晚上即便睡在一張床上，也是背對著背，寧願抱著手機，也不願抱著對方。

有人說，這是因為結婚時間久了，對另一半不感興趣了。其實呢，不感興趣是假的，失望才是真的。

那麼，如何經營婚姻才能少一點失望呢？有六個建議僅供參考：

1. 遇事一起解決問題，而不是解決對方。

可以提前約定：不在情緒上頭時互相攻擊，誰理智誰主動暫停；可以給對方冷靜的空間，但不冷戰；可以爭吵，可以是無聲地陪伴，也可以有一些小動作，比如牽手、擁抱、親吻，給糟糕的情緒提供一個「緊急疏散通道」，而不是讓怒氣和委屈都積在心裡，然後變成「潰堤式」的爆發。

2. 尊重彼此的差異，而不是拚命地改變對方。

表達愛的途徑有和顏悅色、輕聲細語、親親抱抱舉高高……可惜很多人表達愛的方式都錯了：用「給他錢花」和「圍著他轉」來討好他、取悅他，結果對方感受到的是「廉價」和「窒息」。用「望夫成龍」和「朝督暮責」去改造他，鞭策他，結果他感受到的是「嫌棄」和「壓抑」。

3. 可以折騰自己，但少去折騰另一半。

你可以活得熱鬧，但也要允許另一半享受他的安寧。可惜很多人的做法是，自己喜歡的，覺得另一半也會喜歡，所以自己想做什麼，非得拉另一半做。結果往往是，你玩得不痛快，對方也一肚子怨氣。

4. 停止指責「你」，嘗試表達「我」。

不要說「你總是……」、「你從來都不」、「你為什麼不」、「你總是這麼自私」，要多說「我感覺最近被你冷落了」、「我有點難過」、「我希望你能敞開心懷和我講講你的想法」、「我想要你哄哄我」。

5. 停止抱怨，主動關心。

一個女人往往很難抗拒男人的一句「其實我滿心疼你的」，一個男人往往很難抗拒女人的一句「其實你也很辛苦」。

6. 不要停止談戀愛。

結婚不是戀愛關係的終結，要繼續找機會約會，要繼續講甜膩的情話，要繼續製造浪漫。

結婚是找能玩一輩子的朋友。

婚姻不是洪水猛獸，也不是福地洞天，婚姻就像毛胚屋，你得用心設計、認真裝修、好好維護，那麼它就會變成牢靠且溫馨的城堡，既能為你遮風擋雨，又能浪漫滿屋。

但如果你什麼事都是「隨你的便」，什麼問題都搶著說「這不關我的事」，什麼麻煩都指責說「都怪你」，那麼它就會變成搖搖欲墜的危樓，既讓你的生活暗無天日，又讓你的靈魂不得安生。

(4)

日劇《四重奏》裡，一對男女一見鍾情，談了一段時間的戀愛，順理成章地結婚了。婚後，妻子為了討丈夫開心，放棄了自己熱愛的事業，當起了家庭主婦，每天洗衣做飯，把丈夫的生活打理得井井有條。丈夫也很體貼，就算不喜歡吃檸檬炸雞，也假裝說喜歡。

可實際上，妻子並不想放棄小提琴演奏這份事業，丈夫也根本不希望妻子變成家庭主婦，他最喜歡的就是看到妻子在臺上神采奕奕的樣子。但丈夫誤以為，是妻子想當家庭主婦，所以他不敢說，怕妻子不高興。

夫妻倆以愛情的名義委屈著自己，順帶著也委屈了愛情。為什麼他們不說自己的真實想法？

因為兩個人都在逃避衝突，因為兩個人都想表現自己好的一面，因為兩個人都不瞭解對方的真實想法，也不敢讓對方知道自己的真實想法。

親密關係最彆扭的地方在於，拒絕溝通，選擇默默付出，然後把這種「一方蒙在鼓裡」的情況當成感動。

兩個人不能掏心掏肺，不能瞭解彼此的人生，也不能理解對方過去和現在的痛苦，更不能讀懂對方此時面臨的困境，只是單方面地維持著「幸福美好」的假象，非常生疏地一起生活，就連關心都是小心翼翼的。

兩個人看似親密，其實不熟；看似朝夕相處，卻從未深入對方的靈魂，也從未共用過痛苦與歡愉。

這種婚姻使得很多夫妻都得了一種「病」——婚內孤獨。

其實，坦誠並不會傷害真心相愛的人，含糊和隱瞞才會。就像史鐵生寫的那樣：「愛的情感包括喜歡，包括愛護、尊敬和控制不住，除此之外還有最緊要的一項：敞開。」

感情最怕憋著，有不滿、有不同意見，一次、兩次、三次，後面憋不住了，就被一件微不足道的小事引爆。結果是，你滿心委屈，覺得「我已經忍你很久了」，而對方也很委屈，覺得「這麼點小事，你有必要這樣嗎」。

所以，要推心置腹，要掏心窩，要把話說開。

開心要說，不滿也要說；對現在的滿足要說，對未來的擔憂也要說。

說你的恐慌和不敢睡的夜晚，說你的疑惑和對哪些事情的無法理解；說你童年的美好和糟糕，說你有過的幸福時光和至暗時刻，說你隱祕的想法和未酬的壯志。

說你是怎麼一步一步地走到今天，有哪些遺憾，錯過了什麼人，誰保護了你，你又感激誰。

說你的故作堅強，說你因為什麼而撒謊或者逃避，說你為了自保有哪些不得已的小伎倆、小陰暗。

說你喜歡或討厭的味道，說讓你感到不安或溫暖的人、事、物。

說你對未來的期盼，說你對生死和金錢的看法，說你去過的地方、見過什麼好玩的人。

說你喜歡他，說想跟他白頭到老。

這些情緒飽滿的真心話，聊完的效果就像是點了一串鞭炮，能把那些影響感情的妖魔鬼怪嚇得落荒而逃。

想對相愛的兩個人說，不要用「說了你也不懂」來回應別人的關心和問候，不要把自己的自私、冷漠、情緒化美化成「我是把你當我最親近的人，所以才把最真實的一面展現給你」。

不要讓對方證明他愛你，不要動不動就強調「你愛我，就應該怎麼樣」。一次兩次問題不大，但次數多了，他發現「無論怎麼證明，你都不滿意」的時候，愛就完蛋了。

兩個期待很高的人，就像兩個張著血盆大口的怪物。不管對方怎麼投餵，都覺得「差點意思」。

從來沒有一勞永逸的甜蜜，任何時候都需要坦誠地交流、不斷地磨合、長久地經營，包括但不限於：平靜且溫柔地愛，毫不含糊地信任，堅定且耐心地陪伴，勇敢且主動地承擔責任。

(5)

有個未婚的男生跟我說：「回老家過年，相親了九次，看了八遍《熱辣滾燙》、五遍《飛馳人生》，吃了七次海底撈，逛了六次動物園，一個都沒成。」

他說：「相親的次數越多，就越對婚姻感到絕望。兩個人見面，一開口就問有沒有房子？有多少存款？薪水多少？有沒有負債？這些條件滿足了，又開始挑你的年紀大、個子不高、身體不強壯，卻從來沒有人問一問：你這麼多年一個人是不是很辛苦啊？是不是需要人照顧？」

其實呢，愛是一場狗屎運。誰都不能提前預料，然後按照自己的心願去遇見誰或者跟誰在一起。更常見的是，你想要的是A，後來遇見了B，卻和C、D，甚至是E談戀愛，最後嫁或者娶了F。

所以我的建議是，不用急著結婚，晚婚很可能是上天在保護你。不用強求天長地久，一生一世太長了，夠變卦很多次。不用什麼事情都跟父母交代。結婚的好處是父母會安心，但你根本不知道他們安的是什麼心。

不管你是單身、戀愛還是已婚、離婚，我都希望你能搞清楚這七件事：

1. 一定要把愛情、婚姻和生孩子看成三件事。

不是愛一個人就非得和那個人結婚，也不是結婚就非得生小孩。愛情意味著相處愉悅且相談甚歡，結婚意味著彼此信任且打算長期「合作」，生育意味著有了一定的物質基礎且兩個人都願意負起責任。

在決定每一件事之前，你都要想清楚，我願意嗎？我開心嗎？我能承擔這個決定帶來的所有後果嗎？

殘酷的現實是：只有愛情是構不成婚姻的，沒有愛情卻不耽誤結婚，感情有限的婚姻雖不完美，卻也夠用。

2. 一定要從理想化的愛情裡走出來。

你可以把愛無條件地給自己，但不能期待別人也無條件地愛你。當有人是有條件地愛你時，你不必因此生氣，因為你愛別人其實也是有條件的。

3. 不要低估了「過日子」這三個字的分量和難度。

經常聽到有人說，如果找不到讓我滿意的白馬王子，那就找個有錢的人嫁了，隨便過日子。這種口吻就像在說，如果我不能活到五十歲，那就活四百九十九歲吧。

現實是，不管你結不結婚，能把日子過得還湊合，還有點樂趣，已經是非常不容易了。尤其是人到中年以後，要面對孩子學習、對象吵鬧、父母生病、比你年輕的主管對你發火這些實際問題。生活的常態是：七個鍋蓋，蓋八口鍋。

想必你也知道，沒有一個童話故事是寫婚後生活的。

4.結婚是為了幸福，離婚是，不結婚也是。

「一生一世一雙人」只是一種很美好的狀態，但不應該視為人生的目標。如果你婚戀的初心是「願意」，那麼「當時願意」就夠了。

無論你是一個人，還是一雙人，或是中途換人，人生的目標都應該是「為了幸福」。

5.婚姻的本質是價值交換，但人的價值是會變的。

十年前，你是年輕貌美的小女生，他是貪戀你容貌的小男生。後來的你可能人老色衰，而他可能越來越有男人魅力。

十年前，你是穩重成熟的大叔，她是芳心暗許的小女孩。後來的你可能老態龍鍾，而她可能風華正茂。

所以在婚姻裡，每個人都要有這樣的警覺：自己不會永遠強勢，沒有誰必須對誰好一輩子。

6.只有依靠自己，勝算才會更大。

相愛不能抵萬難，合適也不能，能抵萬難的只有一天比一天優秀、堅強、自信、勇敢的自己。如此一來，不管結不結婚，你都能過好這一生。

7.不能只想著「他必須怎麼樣」，還要想一想「我應該怎麼樣」。

如果你覺得賺錢養家是男人的本分，那麼就把勤儉持家看成理所應當的；如果你覺得從一而終是男人的本分，那麼就把潔身自好當成是自己的底線。

怕就怕，自己月薪四萬卻要求別人月薪十萬，自己揮金如土卻要求別人艱苦奮鬥，自己備胎無數卻要求別人心無旁騖，總是要求一個完美無缺的對方，卻看不到一個漏洞百出的自己。

一個人最好的出路從來不是結婚，而是優秀到可以配得上任何人。自己是「好貨」，又足夠「識貨」，自然就能喜結良緣。

20. 關於認知

要經常提醒自己「我可能錯了」

(1)

先講三段好玩的對話。

A：「新搬來的鄰居真討厭，大半夜狂敲我家大門。」

B：「太過分了，你有報警嗎？」

A：「沒有，我當他是瘋子，繼續吹我的喇叭。」

盲人對啞巴說：「別人都能陪我說說話，為什麼你不行？」

啞巴對著盲人比畫了幾下，意思是：「那你為什麼始終不肯用正眼看我一下？」

主人對正在拉磨的驢子說：「你真了不起，要是沒有你，大家就得天天吃粗糧。」

驢子憨憨地笑了，拉磨的步伐更快了。結束了一天的辛勞，驢子一邊吃著秸稈，一邊教育小驢子說：「你快點長大，我要教你拉磨的本事，努力幹活就不愁吃喝，而且非常受人尊敬。」

而驢子主人的一家，一邊吃著驢子磨的新糧，一邊教育孩子說：「長大了千萬不要像那頭驢子，累死累活的不說，最後還可能被吃得連渣都不剩。」

人哪，真的不用擔心自己不知道的事，因為真正讓你陷入麻煩的，是那些你堅信不疑，但事實上並非如此的事。

所以要經常提醒自己：「我說的話，只代表我個人的觀點，它是我站在我的位置上，以我的身分、視角看到的東西。它只能代表我的個人看法，不等於事實本身。」不要因為你接受了專家說的晚上九點鐘睡覺更健康的觀點，你就要求全世界都九點鐘關燈。不是每個人都能在九點鐘之前就入睡。不要拿吃光一碗飯的時長來判斷一個人的胃口，因為有的人喜歡細嚼慢嚥，有的人喜歡狼吞虎嚥。

人一旦看不清世界，就會蒙蔽自己，或者依照自己的偏見對真相大肆塗改。

就好比說，一位貴婦坐在馬車裡讀一部寫貧苦社會的小說，讀得淚流滿面，同時她的馬車夫就在她面前凍死了，她卻毫不在意。就好比說，一位暴君在戲院裡看一齣悲劇，看得泣不成聲，同時他的手下在劇場外面處死了三十多個因為饑餓搶糧食的災民。

認知一旦出了問題，就會得出錯誤的結論，繼而做很多無用功。就好比說，白襯衫容易發黃，一般的洗衣精很難洗乾淨，這讓你很頭痛，為了解決這個問題，你在每次洗白襯衫之前，都吃點頭痛藥。

就好比說，你在書店裡閒逛，看到一本名為《解決你人生五十%的問題》的書，為了確保萬無一失，於是你買了兩本。

切記，你不知道不等於它不存在，你不理解不等於它沒道理，你覺得從來如此不等於「就是對的」。

(2)

看過一個很揪心的影片，有人請幾個年輕人來讀一些從網路上複製來的文字：

「愛了一個少年一千五百七十四天，吵了二十七天，等了八百二十五天。」

「我經常連哭幾個小時，哭到手腳發麻，有時候又像沒事一樣，我真的好累，我不想上課不想見室友，我害怕學校，我好想休學。」

「沒吃晚餐，加班到深夜一點，到家整個人都是暈的，好希望有個人可以看穿我的內心，明白我的感受，不離不棄地陪伴我。」

這幾個人讀完後，輕蔑地笑著說：「很尷尬。」、「一看就是單身狗寫的。」、「太矯情了，沒什麼經歷的人才會講這種話。」

然而，當他們讀到那張紙的反面時，所有人都沉默了：

「當你看到這篇發文的時候，我已經不在了，我熬了一千五百八十四天。」

「我以為時間會讓我好些，但還是擺脫不了這個想法，抱歉，我不期望有人能理解我，再見。」

他們讀的內容，其實都是憂鬱症患者在這世界上留下的最後的求救訊號。但悲哀的是，這些求救訊號，在有的人看來只不過是「矯情」，是「脆弱」。

有時候，我們看到有人醜態百出，實際上他只是在努力生活；有時候，我們看到有人性格古怪，實際上他只是在忍受痛苦。

這讓我想到了林奕含。有人曾以為，是憂鬱症賦予了林奕含獨特的創作靈感，以至於這個人抱怨道：「為什麼我沒有得憂鬱症呢？」

林奕含據此寫道：「精神疾病並不浪漫。（她那麼說）感覺就像是在心臟病患者面前說『要是我的動脈偶爾也堵塞一下就好了』。我寫精神病，因為那幾乎就是我的全部。沒有人會拿它去交易區區幾百萬字的靈感。」

悲哀的是，我們經常看到一些人無所顧忌地在別人的貼文裡大放厥詞，說著無比殘忍、刻薄、愚蠢的話，還正義凜然得像是代表了人間正道。

「你不愁吃喝，跟那些戰亂或者貧困山區裡的孩子比起來，有什麼好憂鬱的？」

「你就是太閒了，一天到晚看這些亂七八糟的東西，閒得腦子發慌才想東想西。」

「你的心理承受力也太弱了吧？這點打擊都受不了！」

「你就是被寵壞了，沒經歷什麼大風大浪。」

這些滿嘴噴糞的網路暴徒會讓人產生一種錯覺——真的有人大腸直通腦子。

這些人不知道，憂鬱不是躲在房間裡沒日沒夜地哭泣，有時候，憂鬱是正常地起床、吃飯、出門、讀書、工作、微笑待人。

這些人嚴重低估了憂鬱症患者正在承受的痛苦和壓力，也根本意識不到他的精神已經瀕臨崩潰，勉強撐住他的，很可能只是一個陽光的偶像、一隻可愛的小動物、一部劇情俗套的電視劇、一本有共鳴的雞湯書，或者一兩個搞笑段子。這些東西在別人看來是無聊的、沒用的、俗氣的，但對他來說，是續命的丹藥。

所以我想提醒所有人：不要因為你覺得無所謂，就覺得別人也應該無所謂。

你覺得有錢沒錢無所謂，是因為你家境富裕或者暫時不急著用錢；你覺得胖瘦無所謂，是因為你身材還行或者暫時不關注外形；你覺得年級排名無所謂，是因為你成績不差或者你成績很差。

不要因為你的原生家庭還不錯，就去懷疑別人的父母「真的有這麼糟糕嗎」。

不要因為你的原生家庭很糟糕，就去懷疑別人的家庭和諧「都是裝出來的吧」。

不要因為你很幸運，就覺得別人的悲慘都是罪有應得。

不要因為你已經從痛苦中熬過來了，就對別人的痛苦不屑一顧。沒有一桿秤能稱出誰更痛苦，也沒有一個裁判能判斷誰更悲慘。

只要當事人感到痛苦，那就是真的痛苦。

要謹記，每一個脆弱的人都經歷了你根本不知道的「戰鬥」。如果你真的瞭解他們的想法、經歷和感受，你會發現沒有誰是普通的，每個人都值得大家站起來為他鼓掌一次。

(3)

有一個很有意思的問題：在路上，看到什麼車，你會覺得車主很有品味？

A說：「法國車，可惜懂的人不多。」

B說：「德國車，品質可靠。」

C說：「當然是淩志，長得就文質彬彬的。」

讚數最高的答案是：「和自己同款的車。」

人是特別自戀的物種。一個人如果無法走出自己的圈子，無法見識更大的世界，無法經歷更豐富的人生，他就會以為自己腳下的路是唯一正確的人生之路，自己的想法是唯一正確的道理，自己的觀點是無比驚豔地深刻。

但凡有人跟自己的想法不同，就視其為胡說八道；但凡有人跟自己的活法不一樣，就認為是「醜人多作怪」。

事實上，你自以為了不起的想法很有可能是被實踐證明了是錯誤的，你自以為深刻的道理很有可能是這個圈子裡非常淺薄的道理。就像古人說的那樣：「山中人不信有魚大如木，海上人不信有木大如魚。」

人也是特別擅長原諒自己的物種，比如說：

親友犯錯了，你就說：「人非聖賢，孰能無過？」

自己犯錯了，你就說：「我不可能犯錯，都是因為……」

討厭的人犯錯了，你就說：「我早說了，他是個白癡。」

別人出軌，你就說：「真不是個東西。」

朋友出軌，你就說：「看不出來這傢伙還滿有魅力。」

自己出軌，你就說：「有些事說不清楚。」

結果是，很多事情放在別人身上叫「蠢」，放在自己身上叫「情有可原」。

怕就怕，你總強調自己有原則，卻又本能地把自己當作這些原則的「例外」，原則的手電筒都是用來照別人的。

人還是喜歡「自作聰明」的物種。

比如說，明明是想擊退生活的無聊、匱乏或者寂寞，但學習太枯燥，美好的體驗又需要花錢、力氣、時間，有趣的社交又需要付出、忍受、迎合，所以就用「食欲」去獲得一些更廉價且直接的快樂。

比如說，明明是對身材不滿意，但又礙於減肥或者塑形的艱難，就透過頻繁更換髮型或者著裝風格來讓自己「感覺良好」。

又比如說，明明是處理不好自己的情緒或者麻煩，但實在找不到合適的發洩方法和對象，就自私地將負面感受傾瀉在最親近的人身上。

如此說來，很多人稱之為「命運」的東西，很可能只是自己做過的蠢事。

(4)

有一段時間，我特別喜歡「人生是曠野，不是軌道」這句話。每讀一遍，膽子就肥一點，覺得離開某個地方、某個人，就等於是「海闊憑魚躍，天高任鳥飛」。

可後來卻隱約覺得這句話並不全對，因為去過曠野就會發現，那裡確實自由，但同時也危機四伏。反倒是軌道有著我們完全不瞭解的「安全和便捷」，因為鋪了軌道的地方都是前人走過、勘察過、論證過的，地質條件優越、路面平坦，就算遇到山了也會幫你挖隧道，就算遇到河了也會幫你架大橋。軌道雖然寬度有限，方向固定，方式單一，但那條路絕對是抵達你的目的地最快的方式。

所以，不要別人說什麼，你就信什麼。要把自己打開，要接受自己的有限性，要始終帶著敬畏，而不是接觸不多就以為瞭解，掌握不多就急著推翻，領悟不夠就誇誇其談。

比如看到別人拍影片紅了，你就會覺得「我也可以」、「是個人就能紅，那太簡單了」。事實上，拍影片不紅的人多的是，只是你沒看到而已。你只是看見了幾個成功的案例，就誤以為這些事情很簡單。

比如寫作這件事，半吊子選手會覺得：「寫文章有什麼難的，不就是打字嗎？誰讀書的時候沒寫過作文啊？我高中還拿過全校作文比賽第一名呢。」但只有你親自動筆去寫，才知道自己寫得其實很糟糕，才明白那些厲害的作家厲害在哪裡。

又比如地圖這種東西，只有當你身處茫茫大海、看似四處都是方向，但不知道何去何從的時候，才能真正理解它的重要性，也就不會輕易嘲笑哥倫布把美洲誤認為是印度。

事實上，每一件能被很多人列為「目標」甚至「志向」的事情，都不可能簡單。比如減肥、考大學、做生意、結婚、養孩子……但凡是親自動手去做了，人自然而然就會變得謙卑——因為瞭解難度而謙卑。

好比說，很多人會覺得《哈利波特》裡的魔法藥水看似很容易做出來，但請仔細想想，你對著詳細的食譜就能做出好吃的飯菜嗎？你研究透了姚明的籃球技術就能阻止他進球嗎？

(5)

世界就像一頭大象，我們都是在盲人摸象，而已。

為什麼隨著年齡和閱歷的增長，很多人並沒有變得更開放、更博學，反倒是變得更固執、更封閉？

因為很多人接收資訊，本質上只是在找認同。所以他們只看得到、只聽得見、只相信他們認同的東西。

為什麼像如何做人、婚姻戀愛、育兒、心態等人生大課題反而沒有人教呢？

因為有人教過，只是你在聽的時候，要嘛是不理解，要嘛是不認同，要嘛是覺得那件事情不重要，最後只能靠受傷來讓自己長記性。

認知就像夜裡的路燈，數量越多，路就看得越清楚。

關於「認知」，希望你明白這五件事：

1. 不要拿某一次的經驗來為某件事情定性。

因為遇到了一個糟糕的戀人，就對婚戀徹底絕望；因為主動提出問題被批評，就認為在職場上選擇沉默才是正確的；因為在某個城市遇到了一個騙子，就認定那座城市沒有好人。

最難溝通的並不是沒文化的人，而是腦子裡只有一個標準答案的人。

2. 所有的優越感都源於無知。

知識經驗豐富的人會說「凡事不能一概而論」、「具體情況具體分析」，而缺乏知識經驗的人則喜歡說「絕對是」、「錯不了」。

怕就怕，你一輩子都在網裡掙扎，卻還以為自己是個漁翁。

3. 看不起並不會讓你了不起。

有的人聽到不同的觀點，馬上就會進入反駁模式。這種人的眼睛和腦子看不到別人那麼做的好處和那種選擇的優點，自然就不可能從別人那裡學到東西。久而久之，他就只能用自己少得可憐的經驗，活在一個狹隘的世界裡孤芳自賞。

天天轉螺絲的人，看到圓的就想轉，會自動把圓圓的東西分為「可以轉的」和「不可以轉的」。

4. 你以為的真的只是你以為。

比如你喜歡某個歌星或者網紅，你覺得全世界的人都認識他們，因為你總能看到他們的消息，周圍的人也都在談論他們，於是你跟人提起他們時會很詫異「這也不知道？」、「你該不會不認識他吧？」，但很有可能是，他們只是在你的圈子裡很紅，還有很多人不知道或者不喜歡。

人在犯傻的時候，是不知道自己犯傻的，但對於其他人來說，這是相當難受的一件事。

5. 人和人是不一樣的。

黃山上的一棵樹，樵夫看見了，會想著如果把它當成柴火，是好燒，還是不好燒；木匠看見了，會想著是做桌子好，還是做椅子好；植物學家看見了，會想著它的特徵是什麼，屬於什麼種類；畫家看見了，會想著怎麼構圖更好看，該用什麼比例、顏色；詩人看見了，會想著它有什麼寓意，是強調活著的堅韌，還是強調做人的氣節。

大家雖然同住在一個星球上，看到的卻不是同一個世界。就好比說，山峰互相能看見，而蜷縮在山腳下的窪地和小山頭則對彼此一無所知，儘管它們通常都處在同一個水平線上。

對於認同我們的人，我們要加以鼓勵，以便增進彼此之間的友誼；對於不認同我們的人，我們也要加以鼓勵，以便鞏固他對自己的深信不疑。

(6)

在《非暴力溝通》一書裡，作者引用了一首哲理詩：「我從未見過什麼懶漢；我見過的他，有時在白天睡覺，在某個下雨的日子待在家裡。但他不是個懶漢。請在說我胡言亂語之前，想一想，他真的是個懶漢，還是他的行為被我們貼上了『懶惰』的標籤？

「我從未見過什麼傻孩子；這個孩子有時做的事，我不理解或始料不及，這個孩子的看法與我不同，但他不是個傻孩子。請在你說他傻之前，想一想，他是個傻孩子，還是他知道的事情和你不同？

「……有些人所說的懶惰，另一些人卻說那是淡泊人生；有些人所說的愚蠢，另一些人稱之為看法不同。」

事實上，絕大多數和他人無效的溝通都源自「自己理解的世界」和「別人理解的世界」的不同，絕大多數和自己痛苦的溝通都源自「自己想要的世界」和「真實世界」的不同。

那麼，作為普通人該如何修正自己以避免犯蠢呢？這裡有四個親測有效的辦法：

1. 把自己的想法、判斷寫下來。

把自鳴得意的預測、判斷、結論變成可見的文字，等某件事塵埃落定了，再去跟自己當時的預測對比。比如猜比分，猜輸贏，猜盈虧，猜得失，你會發現「我對了」的機率極低。

2. 隨時準備更新自己的結論。

你得出了某個結論，你知道這個結論有待完善、有待改進，甚至有可能被推翻，但你不知道在什麼時候、跟誰、在什麼場合，你要做好更新這個結論的心理準備。

3. 慢一點下結論。

不要用情緒代替思考，不要用個人喜好代替是非判斷。很多事情其實並不複雜，很多人也沒有你想的那麼壞，只是因為你當時帶著情緒，或許是因為之前發生的事情尚未妥善解決，又或者僅僅是因為「今天的菜鹹了一點點」。

4. 經常提醒自己「我可能錯了」。

這意味著，你要從自己無法理解但大受歡迎的東西上找出它的合理性，要從自己懷疑但廣泛流傳的觀點中找到恰當的解釋，要從自己抗拒但事實證明很有效果的做法中重整思路，要割斷自以為有效的舊經驗，要跳出偏見和個人喜好的圍牆，要一個背摔把自己從慣性思維裡扔出去。

你去的地方越多，你慢慢就能走出地域的偏見；你見識的人越多，你慢慢就會走出身分的偏見；你知道的事情越多，你慢慢就會走出認知的偏見。

21. 關於祛魅
世界就是一個巨大的舞台

(1)

有一陣子，我特別喜歡滑那種「單身男女獨自生活、覓食、旅遊」的短影片，會經常驚嘆「哇，他怎麼那麼會玩」、「哇，她怎麼活得那麼有意思」。

直到有一天，我在一個朋友的公司裡，看到有創作者在拍那種影片，我看見她進門之前，先把鏡頭放在屋裡，然後來回開了十幾次門，直到拍出滿意的效果為止；後面是做飯，為了拍出「吃得津津有味」的效果，她硬生生地吃了三份辣椒炒肉。

從那之後，我就很少看那一類影片了，因為我突然意識到，有些美只是擺拍出來的，有些驚奇的際遇是精心設計，有些好看的鏡頭是加了濾鏡的。

想起一個女孩跟我聊的一件事。她說她曾非常迷戀一位不算太紅的小眾男歌手，每天看他直播，送他禮物，傳私訊，訴說自己有多癡迷他，還逢人就說男歌手的超凡脫俗，但男歌手從來都沒有理過她。

直到有一天，男歌手到她所在的城市做活動，竟私訊問女孩要不要去看。這女孩自然是高興得不得了，又是化妝，又是挑禮物。等看完活動，男歌手竟然直接去摟女孩的腰，還曖昧地在女孩的耳邊說：「今晚別回家了，跟我去飯店吧。」

女孩嚇得拔腿就跑，一回到家就把男歌手封鎖了。她原以為男歌手是能與自己靈魂共鳴的優質偶像，可後來才發現，他那悅耳的音樂背後竟然藏著醜陋的獸性，他那個性十足的外形包裹的竟是庸俗不堪的靈魂，他清高的精神世界掩飾的不過是一個爛人。

再談到這個男歌手時，女孩滿臉都是不屑：「他踮腳都沒有我蹲著高，鼻子短得像個豆沙包，滿臉的痘像上火的山妖，唱歌像鬼在哭、狼在嚎……」

成熟的一大標誌就是學會祛魅。所謂祛魅，就是消除對完美的盲目崇拜，停止對權威的盲目順從，清除對仰望的人、得意的事、喜歡的物的美顏和濾鏡，不再高估別人的美好，不再裝腔作勢地活著，也不以偏概全地看世界。

比如說，你對某個網紅有很大的魅，但當你對他再多一些瞭解之後就會發現，他可能不懂尊重，而且三觀不正。

你對某一種職業有很大的魅，可一旦入行了就會發現，它只是一份謀生的工作。

你對在辦公大樓裡當白領有很大的魅，以為每天拿杯咖啡，然後精神抖擻地上班下班，但真的上班了才知道，什麼精神抖擻，能不發神經就不錯了。

你對大公司有很大的魅，等你去了就會發現，光環只屬於公司，而自己只是一顆適用於崗位需求的螺絲釘。

你對某個城市有很大的魅，等你在那個城市生活了一段時間就會發現，除了看得見的繁華和時髦，也有看不見的破爛和不堪。

人是一種很功利的物種，迷信什麼就會在什麼面前自卑。

你迷信學歷，別人拿出畢業證書就能唬住你；你迷信家庭背景，別人說自己父母是當官的就能唬住你；你迷信閱歷，別人說自己去過多少個國家就能唬住你；你迷信長相，別人稍有姿色就能拿捏你……但實際上，這些東西遠沒有你以為的那麼重要。

所謂的藍勾勾、百萬網紅、暢銷書作家，各類專家、導師、名人、明星、創業導師都有可能騙你。

人不一定會因為有了名氣而愛惜羽毛，反而容易在粉絲信徒們的眾星拱月中飄了，人一旦膨脹了，就容易做傻事，所以才會有挪用投資人資金的品牌創始人、品行不端的名人明星、割韭菜的各類導師。

所以，不要被標籤、名聲等光鮮亮麗的表象所迷惑，而覺得別人很完美，這只是距離加上想像力才產生的美，一旦靠近了看，其實各有各的難，個個都平凡。

一個人在一個領域很厲害，不代表他在每一個領域都厲害，因為人是有局限性的。所以，不要太在意一個人專業以外的建議。比如物理方面的問題，你可以去請教愛因斯坦，但如果你覺得他厲害，非要問他怎麼談戀愛，那活該你沒對象。

祛魅的初期是殘忍的，就像一個聽聖誕故事長大的小朋友突然被告知這個世界沒有聖誕老人，襪子裡的禮物都是你爸爸媽媽偷偷塞裡面的。

祛魅的中期是失望的，就像是突然知道了彼岸花的學名叫石蒜。

但祛魅的後期是清醒的，你會發現很多人沒有你想像的那麼光鮮亮麗，只不過是戴著面具裝高風亮節罷了；你會發現很多自己追逐的生活沒有想像的那麼好，只不過是華麗裝飾著的一地雞毛；你會發現自己看得很重的東西其實沒什麼用，不過是被別有用心之人吹起來的絢麗泡沫。

當你停止美化，知道美貌不等於美德，明白學歷不等於教養，你看待人、事、物的濾鏡就消失了。

就像是，一個人生病了去住院，他的長相、年齡、學歷、工作、社會地位都不重要了，醫生只會關心這副軀體的哪個部位有問題，他不再是老闆、專家、網路紅人、精神領袖了，在這裡，他只是一個病人。

一旦學會了祛魅，你就敢跟比自己厲害很多的人談合作，敢追求那些條件比自己好很多的異性，敢去過與別人不同但自己喜歡的那種生活；你會從自慚形穢變得不卑不亢，從唯唯諾諾變得落落大方；你在人群中如獨處般自在，在無人處如眾目睽睽般謹慎。

(2)

曾有一篇名為〈姜文教子〉的文章被大量轉發。文章裡說，姜文發現自己的孩子被家人寵壞了，平日衣來伸手，飯來張口，覺得問題很嚴重。於是，他帶著當時分別是六歲和四歲的兩個兒子來到新疆阿克蘇，在郊外的一間普通民房裡住下來，飲食是當地原生態的，每天早晨六點就把孩子從被窩裡拉出去跑步。有時還開車去很遠的沙漠地區，讓孩子見識大漠風光，在沙地裡摸爬滾打。不到一年時間，兒子的身體強壯了，眼界放寬了，獨立生活的能力增強了。還誇讚姜文敢帶孩子到最偏遠、最艱苦的地方去「折騰」，而不是讓他們一直待在「溫室」裡。

讀過這篇文章的人會驚訝於姜文的魄力，會得出「大導演的眼界果然不平凡」、「大導演當家長也很厲害」的結論。

後來，在一檔訪談節目裡，當姜文被問到這件事時，他的回答讓所有人都笑噴了。

姜文說：「那篇文章是假的，我自己都不知道在新疆一個人怎麼活，更別說帶兩個孩子了。它把我寫得那麼厲害，但我確實做不到。」

很多類似的文章和所謂的真人秀節目，都像是在炮製一鍋看起來高級的雞湯。在這碗雞湯裡，真相是什麼不重要，有沒有一手資料不重要，重要的是給人一種「成功人士做什麼都很成功」、「明星育兒工作兩不誤」之類的印象。

這些雞湯的細節編得再用心良苦，這種綜藝對育兒方式的解讀再賣力，但總歸都是假的。

所以，不要因為自己不能像明星那樣「育兒有辦法，陪伴有時間」就過度自責，更不要因為明星的孩子看起來很優秀，就把明星的育兒觀點奉為寶典。

與其陷在這種雞湯裡不能自拔，不如放下「湯碗」，踏踏實實地生活，努力地賺錢，心平氣和地跟孩子遊戲、聊天。

事實上，你只看到他們親手為孩子做了一頓飯的賢慧，但你沒看到他們家的保姆和司機。

你只看到他們在孩子受傷或生病時的無所不知，但你沒看到他們家的私人醫生和常常聯絡的專家團隊。

你只看到他們陪孩子時的淡定、從容，但你沒看到他們拍一部戲就能賺到讓他們休息一整年的錢。

事實上，他只是擅長拍戲或做生意，賺了一些名望和金錢，不代表他的婚姻觀念有多合理，更不能說明他的育兒理念有多正確。她只是嫁了一個愛她的老公，生了一個可愛的孩子，不代表她的戀愛觀有多正確，更不能證明她的人生規劃有多合理。

對明星家庭來說，「爸爸去哪兒」的意思是，爸爸們可以隨時帶孩子隨便去哪裡。但對普通家庭來說，爸爸能去哪裡呢？當然是去上班了，還有可能要加班。

(3)

剛畢業的時候，曾跟一個厲害的出版人共事了一陣子。每次向他彙報工作，我都很緊張，因為他太優秀了，而我是個菜鳥。每當我看到他臉色不好或者當眾發火的時候，第一反應都是——肯定是我的方案做得太糟糕了。

但後來我發現，他發火的原因太多了。比如最近的業績不理想，上班路上被人塞住了，物業擺爛，妻子跟他鬧彆扭了，某件事的進度太慢了，客戶太挑剔了，甲方不專業還愛亂指點……

我還發現，他在上臺之前也會緊張地來回踱步，他那大鼻子特別容易泛油光；他平時給人氣定神閒的印象，但不小心碰倒咖啡的時候，也會手忙腳亂；他在外人眼裡非常成功，但私底下也經常哭得很慘，「我實在是太累了」、「我不想做了」。

於是我明白了一個道理：這世界就是一個巨大的舞台，沒有誰是完美無缺的，大家都是普通人類。所以沒必要擔心自己的能力不夠、資歷不足，再優秀的人物也會焦慮迷茫，再光鮮的行業也有漏洞和瑕疵。

想通了這一點，我再看到他的時候，就不會矮化自己，而是先在心理上和他平起平坐。

更大的收穫是，我明白他也是有局限性的，所以我更能理解他的情緒波動和偶爾的歇斯底里。

比如說，他緊盯細節，是因為他害怕客戶挑剔；他咄咄逼人，是因為他對呈現出來的東西非常不確定。

他每次大發雷霆都像是說「大家把握時間呀，我們來不及啦，我快扛不住了」；他每一個張牙舞爪的動作背後都像是當眾訴說「我需要有人來幫我，我需要更好的理由來說服我」。

在他張牙舞爪或氣氛緊繃的時候，以前的我會逃避、會抱怨，但後來的我會主動上前一步，去為他做點什麼，讓事情變得更好一點。我會積極主動地、心平氣和地找他商量，和他一起分析，協助他解決，而不再是對抗、抱怨、逃避，等他冷靜下來，對我明顯要親近且信任了很多。

很多人進入職場之後，對主管、對行業大咖有很大的「魅」，對他們唯命是從，結果助長了一些惡臭的職場潛規則。比如，聚餐時恭恭敬敬，甚至是姿態卑微地向上敬酒，已經下班了還必須無條件加班，私底下被人動手動腳……即便是尊嚴受挫也不敢反抗，即便是利益受損也不敢爭取，即便是受了委屈也還要忍氣吞聲。

還有一些所謂的「前輩、公司骨幹」，仗著早來公司幾年的那點「經歷」和「成績」，就喜歡在下屬或同事面前擺架子，把誰都明白的大道理說得天花亂墜，把普通工作包裝得高尚偉大，就像是，明明畫的是田字格，非要說成是造火箭。用少得可憐的權力對他人頤指氣使，試圖用「王八之氣」震懾全場。

所以，對職場祛魅是每個打工人的必修課。你要學會撥開權威的迷霧，把自己放在一個平等的位置上。

不要因為別人一時的得意就覺得別人無所不能，也不要因為自己一時的失意就覺得自己一無是處。

有的人看起來比你強，只是因為他們幹的時間比你長，見的人比你多。所以作為新人，你可以謙虛謹慎，但不要唯命是從，更沒必要把他們的話當金科玉律。

比起頭銜、身分、地位，更值得你關注的是這兩個方面：

一是他們的工作方式和處事經驗，他們在關鍵時刻如何做選擇，他們在事與願違後的態度，他們如何管理情緒和精力。

二是你能為他們提供什麼樣的價值，來交換他們給你的薪水或機會；你能利用他們為你帶來哪些方面的成長，以換取晉升或跳槽的資本。

當然了，職場也需要對自己祛魅。感到迷茫了，就去更新履歷，看看自己有什麼東西是拿得出手的；覺得自己特別厲害，就去參加面試，面了幾輪就知道自己到底有幾斤幾兩。

(4)

感情的世界也需要祛魅。李敖先生就有一條經典的祛魅心法：「美人便祕，與常人無異。」

可現實中，很多人在喜歡一個人的時候就會緊張得不敢說話，怕說錯，怕說不好，怕對方發現自己沒意思。

為什麼會這樣？因為你把對方完美化了，在完美化對方的同時，還貶低了自己。

這個時候，你要學會對喜歡的人祛魅。祛除「我必須完美才配得上你」的自卑心理，同時祛除「你那麼可愛就不可能有缺點」的濾鏡。

祛魅之後，你和對方都會輕鬆很多，你會明白對方確實有很多優點，當然也可以有缺點；自己確實有不少缺點，當然也有很多優點。從此兩個真實的靈魂碰撞在一起，開始一段既有花月詩又有屁尿屎的真實生活。

關於情感上的祛魅，還要特別提四個醒：

1. 慕強是人性，不必勉強自己「不許仰望任何人」。尤其是沒見過世面、沒有優渥條件的人，崇拜學歷高、顏值好、財富多的人是很正常的。但關鍵是要打開見識，增長本事，不斷變優秀。

祛魅這種事情，不是言語或思想上的刻意為之，而是隨著自己不斷變好自然而然發生的。

2. 愛不是浮誇的炫技。不要用「公共場合能不能低下頭來幫自己綁鞋帶」、「餓得快死的時候會不會把那碗粥讓給自己」這類幼稚的問題來考驗戀人。

你該明白，四肢健全的你根本就不需要一個幫忙綁鞋帶的人，在這個富足的年代也根本不需要用一碗粥來展現真愛。

3. 關係再好也要保護自己的邊界。要讓對方明白：

我可以幫你，但我不能替你完成；我尊重你的意見，但我也有自己的想法；我理解你生氣了，但我不能接受你用那樣的表情和語氣對待我；我知道我對你很重要，但我也需要屬於我的空間。

4. 不管多愛一個人，都不要產生「他屬於我」或者「我屬於他」的想法。他只屬於他自己，你只屬於你自己。除了對自己負責，其他部分都只能算是「合作關係」。對他好綁不住他，公布戀情綁不住他，結婚證書綁不住他，生孩子綁不住他，生二胎也綁不住他。

我的建議是，戀愛要在「我不怕分手」的時候開始，結婚要在「我心甘情願」的前提下結，生孩子要在「我實在想要孩子」的時候生。凡事都以「我的感受」為出發點來做決定，而不依賴「對方的態度」。

如此一來，即使後來證實了「所遇非良人」，你就當自己是在愛情的遊樂場裡坐了一趟雲霄飛車，既刺激，又安全。

任何關係都要確定一點：禁止長期持有別人，堅持長期投資自己。

22. 關於執行力

比起截止日期，更重要的是開始日期

(1)

很多人都下過決心要「改變自己」，流程大致是：先喊出了我要早睡早起，我要少玩手機，我要減肥，我要好好學習，我要戒糖控油，我要努力賺錢，非常自豪地堅持了三天，然後就堅持不住了。隔一段時間，再下一次決心。整個過程就像是，你深深地吸了一口氣，憋了幾秒鐘，然後偷偷地放了一個屁。

很多人喜歡說「道理都懂」，然後再補一句「就是不知道該怎麼做」。其實呢，大家都知道怎麼做，因為答案很清楚，它就是一條需要我們下定決心、付出笨拙的努力、提供足額的耐心的路，但多數人不願意走，所以假裝看不到它。

很多人盼望的其實是「捷徑」，可事實上並不存在那種很容易、很輕鬆、很舒服就能抵達的捷徑，所以就再三強調「不知道該怎麼辦才好」。

這恰好也揭露了當代年輕人最常見的四個臭毛病：不讀書卻愛思考，不獨立卻奢求

自由，不肯行動卻想要結果，不願努力卻想發財。

那麼你呢？

打雞血的時候，熱情飆到巔峰值，掏出手機癱坐在沙發上的時候，熱情又瞬間跌回谷底。每天的情緒在「我要再拚一次」和「還是算了吧」之間搖擺。

性格既懶散又上進，既想做好又怕出錯。因為懶散，所以常常做不好；因為上進，所以要求很高；又因為怕出錯，所以不願意開始。

最多就是想一想「我的偉大夢想」，喊一喊「我要努力」，卻不去面對過程中的麻煩和艱難，不去突破個人能力和見識上的局限，不行動，只是在想，在喊，在表演，且心安理得。然後任由自己被「我不行」、「我不夠好」、「我做不到」、「我還沒準備好」的聲音淹沒，一次次在「晚上暗下決心」和「白天懶散沮喪」中繞圈子，陷在後悔和焦慮的惡性循環裡。

久而久之，雄心壯志被現實一點點磨滅，在時間的助攻下，你一邊長大成人，一邊心不甘情不願地向生活繳械投降。

結果是，很多事情還沒有開始就已經結束。

要不這樣，你發篇貼文替自己「解釋」一下吧，文案我都替你想好了：「你們只是看到我渾渾噩噩、吃垃圾食物、晚睡晚起、不修邊幅的樣子，卻從沒看到我好好學習、努力工作、坦誠地與人交流、堅持跑步的樣子，因為我確實沒有做過。」

(2)

李少女的網名一直都很好玩，最開始是叫「不講李」，後來改成了「李我遠點」，然後是「托塔李天王」，最近改成了「拖遝李天王」。

前陣子偶遇她媽媽，她媽媽非常興奮地跟我說：「買了《不要在該奮鬥時選擇安逸》送給我女兒，她真的懶死了。」

我一聽就知道我完蛋了。果然，在當天晚上，李少女找我「興師問罪」：「老楊叔叔，你是不是對平凡有什麼偏見？」

我回：「我從來不覺得平凡有問題，有問題的是，假裝淡泊，假裝沒追求，假裝無所謂。」

比如說，上學的時候，你前一秒還在為考試緊張得睡不著覺，或者因為沒考好，難過得吃不下飯，下一秒就理直氣壯地安慰自己「開心最重要」。

然後呢，假裝沒事，假裝要開始改變，實際上卻在繼續緊張地偷懶，繼續難過地拖延著，繼續一動不動地長吁短嘆……

比如說，馬上要畢業了，前一秒還在為找工作憂心忡忡，下一秒就安慰自己當個廢物也挺好的。

然後呢，接著對未來憂心忡忡，接著對當前的境遇憤憤不平，接著抱怨自己沒有一個好爸爸……

比如說，初入職場沒多久，前一秒還在想著要升職、要加薪、要有錢到處去玩，下一秒就在腦子裡發動了一場驚天動地的大起義：「我憑什麼要聽老闆的？就給我這麼點薪水，我憑什麼要做好？吸血鬼！」

然後呢，繼續渾水摸魚，繼續怨天恨地……

又比如說，與人交往，前一秒還在羨慕別人見多識廣，或者妒忌別人生活豐富多彩，下一秒就大談特談「詩與遠方」，強調「平平淡淡才是真」……

但其實呢，你內心深處的真實聲音是：平平淡淡不是真，是真沒勁啊！

就像是，你總說明天會更好，可你卻老是躺著；你確實想做很多事，可惜被困在了一個整天只想玩手機的身體裡。

我們都喜歡「等一下再說」，甚至莫名地認為只要等下去，就會有好結果。也因此，我們沒能在最喜歡的時候穿上那雙中意的鞋子，沒有在最純粹的時候說出那句「在一起吧」，沒有在最熱血的時候去做想做的事情。以為有的是時間，以後有的是機會，卻忘了，任何事情都是有保存期限的，包括心動、熱血，以及奮不顧身的勇氣。

如果美好的願望都被供奉在了想像的高臺上，那麼它註定會被歲月蒙上厚厚的灰塵。

但我想提醒你的是，因為怕輸而說「不想要」和「真的不想要」，這兩者的區別很大。「知道這條路該怎麼走」和「走在這條路上」，這是完全不同的兩種人生。「馬上開始」、「猶猶豫豫地拖到明天」、「拖著拖著，最後什麼都沒做」，這對應的是截然不同的命運。

怕就怕，你在社交網路上看到了很多「高級的、很想得開的人生理念」，然後挑了一個最容易、最輕鬆、可以讓你心安理得地混吃等死的大道理，來當自己的人生格言，以此作為自己並不如意的人生的遮羞布。

我的意思是，如果你還有追求，還有想要守護的東西，還有渴望，還有仇或者恩要報，那麼請不要用假裝平凡、假裝淡泊、假裝無所謂來當逃避困難、競爭、責任的藉口了，這只會讓你未老先衰，只會讓你一點點地變成你曾經非常討厭的樣子，只會讓你疲憊地過著你不想要的那種生活。

事實上，時間久了，懶惰不僅會變成你的性格，還會讓你失去朝氣蓬勃的面孔，讓你喪失對生活的熱愛和對未來的期待，還會讓你周圍的一切都亂得不可收拾。

要時刻記住：不用「明天」，無須「下次」，沒有「以後」，就是「現在」。

(3)

一個陶藝老師向兩組學員提了不同的要求。

對第一組的要求是：「做夠一定的數量！」

對第二組的要求是：「做出一個完美的陶罐。」

最後發現，真正做出好陶罐的不是第二組，而是第一組。

為什麼會這樣？因為一組雖然沒有被要求完美，但是在大量製作過程中，學員逐漸從錯誤中學習，陶罐越做越好了；而二組太追求完美了，他們把大量的時間用在了想像、設計、規劃和辯論上，遲遲沒有動手，真開始做的時候又出現了各種意外，最後呈現出來的作品非常平庸……

我想提醒你的是，機會是留給有準備的人，但不是給「準備個沒完」的人。

在最佳的方案、最好的選擇出現之前，更務實的辦法是馬上開始行動。

不管是學習、工作，還是興趣、育兒，剛開始的時候，要接受自己的笨拙和各種錯誤。如果太看重結果，只會讓你的步伐越邁越沉重。

人生從來不是規劃出來的，而是一步步走出來的。莽撞地開始，拙劣地完成，遠勝於「因為追求完美而一動不動」。

過分追求完美的人，就像一個拒絕切肉的屠夫，堅持要賣整頭豬。

在我身邊有很多人（包括我自己），很多想法都停在腦子裡，停在嘴上，結果什麼都想做，但什麼都沒做過；什麼都想要，但什麼都沒得到。

比如，不運動卻想身材好，沒複習卻想得高分，不想努力卻想賺好多錢，在家裡坐著卻期望天上掉元寶……又或者是認真規劃之後，再輕飄飄地甩一句：「下週再說，過完節再說，年後再說。」可問題是，一旦出現了「明天開始」的想法，而不是「馬上開始」，那明天高機率還是會繼續虛度光陰。

幾乎任何事情都是：越想越困難，越拖越想放棄，越做越簡單。

所以我的建議是，感到迷茫，就去做點什麼。假如錯了，再改就是了。先開槍，再看看鳥兒會從叢林中哪一個方向飛出來，看到了，再瞄準。

很多時候，你不是茫然無措，也不是沒有目標，你只是缺一個「一跺腳、一咬牙」的開始。

想必你也發現了，常說「迷茫」的人，通常都很懶。

對絕大多數人來說，需要的不是多讀一本書、多上一門課、多考一本證書、多拜一位師父，需要的是行動——持續數小時、數週、數月、數年的行動。

你今天做了一點點事情，悟到了一點點竅門，積累了一點點經驗，明天做的時候，就能做好一點點，你就會慢慢覺得它沒那麼難了。

所以，不要把注意力耗在「想像未來要做的一百件事」上，你該把注意力集中在「我馬上就可以做的某一件事」上；不要總是想「我還缺少什麼才能出發」，你該想一想「憑現有的東西，我最遠能走到哪裡」。

(4)

在「執行力」的問題上，大家常犯四種錯誤：

1. 把精力用在了挑選賽道上，誤以為選對了賽道，就不用跑了。結果是，不停地另起爐灶，讓很多努力徒勞無功。

2. 做是做了，但不認真。不認真看書寫題目，不認真蓋房子，不認真做食品，不認真做器械……一時的輕視和糊弄，慢慢導致了災難性後果的發生。

3. 以為「在小事上拖拉、湊合沒關係」，以為自己能在關鍵時刻展現出超強的執行力，然後絕地反擊。然而打臉的是，一個人在小事上習慣了拖延和妥協，當大事來臨時很可能早就失去了意志力。

4. 想法層出不窮，藉口前赴後繼，行動遲遲沒有。實際上，根本就不存在「萬事俱備」這種事。

那麼，如何擁有超強的執行力呢？這裡有八個建議：

1. 不必等到下午三點開始讀書，不必卡在十二月三十一日跳轉一月一日那一刻開始寫小說，有時間就讀，有感覺就寫。比起截止日期，更重要的是「開始日期」。

2. 一旦出現了「我做不到，我肯定完成不了」的念頭，就提醒自己「那就做最低限度的事情」。每天走一萬步太難，那就嘗試每天走六千步；每天吃四種蔬菜很麻煩，那就確保每天至少吃一種；每天閱讀一個小時太難保證，那就保證每天讀十分鐘。是的，不求一日千里，但求日拱一卒。

3. 凡事都要趁早開始。現在、立刻、馬上去；不等待、不靠人、不耍賴。

很多事情，你缺的不是機會，而是行動；你缺的不是時間，而是專心致志。

4. 如果意識到任務艱巨，那就跟自己約定：「今天我做完這些就不做了，接下來，我想幹嘛就幹嘛。」

比如讀一本大部頭的巨著，你就跟自己約定「今天就讀這一段，讀完就不讀了，剩下的時間去吃火鍋」，這種方式比「一天累死累活地讀半本，然後一個星期不想碰它」要強得多。

持之以恆的祕訣之一是：每天都做，但只做一點，做完就去玩。

5. 如果覺得任務無從下手，那就將任務分解再分解，直到可以快速地啟動。

比如一次運動一個小時，可以勸退百分之九十的人，但一次運動一分鐘，幾乎沒有人會拒絕；一天看完一本書，可以讓百分之九十的人崩潰，但睡前翻兩頁，你高機率會很享受。巨大的挑戰很容易嚇到你，但經過分解，你就可以用最低的成本，最快地啟動。

6. 一旦意識到自己打不起精神、集中不了注意力，就提醒自己：「這件事情很重要！」

拖延的主要原因是：你認為這件事不重要，你潛意識裡覺得做這件事意義不大，所以你才會拖拖拉拉。這和「被別人敷衍」的原因很像，別人覺得你不重要，所以才會對你推三阻四。

7. 一旦產生了「等明天」、「等下次」的念頭，就提醒自己：「這件事今天非做不可！」

人很奇怪，只要你想學習或工作，就會發現手指甲該剪了，鍵盤有點髒，鉛筆沒削，電腦有點卡，杯子沒洗，肚子餓了，於是你有一堆理由來合理化自己的懶惰。

這時候，就要提醒自己：任何問題，都可能在當天解決；即便當天解決不完，也可以確定「分幾步解決，今天能解決什麼」。

一塊硬骨頭最難啃的部分，是你覺得「今天不啃也沒關係」。

8. 不要等狀態好了才去行動，不要等準備好了才出發。

開始的時候，大家肯定會有各種各樣的擔心或者抵觸情緒，讓你覺得狀態不好，沒準備好，但實際上，只要你先做了，你的狀態就會一點一點地好起來。

同樣的道理，看到了機會，不要等「準備好」。有了一個大概的方向、方法，馬上行動，然後一邊做，一邊提升，一邊調整。做得越多，能力就會越強，也就清楚下一步該怎麼走了。

事情都是想起來千難萬險，但事到臨頭總有辦法。如果凡事都想等到「一切就緒」，那麼你永遠都「不會開始」。

當然了，就算搞砸了，就算偷懶了，也盡量不要賣力地譴責自己。因為畏難、逃避、偷懶、拖延、勢利、妒忌，這些都是生來就有的東西，而自律、專注、理性，這些是違背天性的。也就是說，你不過是做了你本能要你做的事。

與其用自責來內耗，不如想一想怎麼哄自己，怎麼重新啟動自己。

一旦你能從「空想、內耗、煩躁」的狀態中掙脫出來，把注意力放在「行動」上，你就會變得簡潔而有力量。哪怕你一時半刻解決不了問題，你的心也是定的，你就能好好地「募集」精力和信心，隨時準備向困難發起下一輪衝鋒。

23. 關於健康

比起殫精竭慮，吃飯睡覺更能拯救你

(1)

有兩個觀念，讓我受益終身。

第一個是：精神上的問題會從身體上表現出來。

比如說，壓力一大，就什麼都吃不下（也有人是想暴飲暴食）；工作太忙，胃就會一陣陣地抽搐；心情不好，面對美食也覺得難以下嚥；焦慮、憂鬱、緊張，就會精神難以集中，並且不想吃東西；憤怒、生氣或者厭惡某人時，會產生噁心的感覺……

又比如，你勉強自己「再撐一下」、「再撐一陣子」，但你的身體會用生病、長痘、頭痛、感冒、健忘之類的方式直接發出警報。如果長期忽視這些訊號，你的精神會越來越麻木，狀態會越來越消沉。

勸麻木、消沉的人振作起來是沒有用的，最簡單有效的方法是先讓身體動起來。

你可以到外面走一圈，可以站起來甩甩手臂，可以對著鏡子做一個鬼臉，哪怕只是幾分鐘，哪怕只是一個簡單的動作，你體內的多巴胺、腦內啡、血清素都會產生變化。

你的容忍度會提高，你的耐心會增強，你的創造力會提高，你對家人、對朋友、對自己的態度會更積極。

第二個是：身體健康是一種了不起的才華。

健康不是第一，而是唯一。不要總說「這也貴，那也貴」，去照照鏡子，你的身體才是最貴的。照顧好自己的身體，是最值得你花心思的事情，沒有之一。

當你生了一場病，你就會發現：別的事情都不要緊。少賺一點沒關係，虧本了沒關係，被人比下去了沒關係，有人討厭自己沒關係，統統都不重要了，重要的是：自己還能好好活著。

人生最重要的，首先是身體健康，其次是心理健康。一副病懨懨的身體和一個愁蹙蹙的靈魂，就算把美好未來和大好前程都塞到你手上，你也要不起。

健康的意義在於，它能給你帶來愉悅的心情和積極的情緒，能為你供給足額的耐心和充沛的精力，能幫你對欲望進行溫和且節制的管理，能讓你對人的愛恨情仇和對萬物的共鳴更有保障。畢竟，快樂、幸福和安寧，都需要體力。

(2)

去年冬天，我發了一篇貼文，引用的是村上春樹的小說《1Q84》裡的一句話：「肉體是每個人的神殿，不管裡面供奉的是什麼，都應該好好保持它的強韌、美麗和清潔。」

沒多久，琴子留言給我了：「我的這座神殿，現在瀕臨坍塌。」

我問：「你怎麼了？」

她回：「倒也沒病，就是狀態很糟。」

那天她說了很多話，因為失戀，加上工作壓力大，她的作息全亂套了，飲食更是毫無節制，短短五個月，她足足胖了十五公斤。整個人就像吹氣球一樣瘋狂地鼓了起來，同時相貌也油膩了好多。

情緒上的「濁氣」和厚厚的脂肪在本該清潔的身體裡定居了。她每天昏昏欲睡，渾身無力，就像一個沉睡多年的老人，始終擺弄不好那具軀體。

聊到「發胖」的惡果，她像是在寫一篇討伐自己的檄文，細數自己對自己造的孽：

第一是變懶了，每天就是叫外送、吃外送、玩手機、熬夜、發呆，不思進取，也不修邊幅。

第二是變慢了，身體的反應慢，眼看著籃球向自己飛來，結果是站在原地，用臉接球；腦子也轉不動了，別人跟自己說話，好半天才反應過來，搞得別人以為我裝清高。

第三是累點低了，有時候什麼都沒做，就覺得身心俱疲，睡醒了，依然很睏。

第四是覺得無聊，對社交、旅遊、逛街、購物之類的事情一點興趣都沒有了，準確地說，對什麼事都沒興趣。

再次滑到琴子的貼文，已經是今年秋天，她公布了新戀情，男友長相乾淨，她在一旁亭亭玉立。我留言道：「恭喜你，神殿又恢復了清潔！」

她回我：「謝謝，雖然困難重重，但我終究是個幸運的人。」

我沒有問她是怎麼瘦下來的，因為天知道她吃了多少苦頭，挺過了多少難關，我問的是：「瘦下來之後，最大的改變是什麼？」

她說：「一切都變了。」

然後，她像是在寫一封祝賀自己的感謝信，細數瘦身之後的諸多好處：

第一是精力更充沛了，以前回家就什麼都不想做了，現在一有時間就想出去玩，滑雪、騎單車、慢跑，感覺身體的待機時間翻了好幾倍。

第二是情緒更穩定了，以前是「易燃易爆易受潮」，現在是「多喜樂，長安寧」。

第三是心態更積極了，以前做什麼都怕，怕丟臉，怕出錯，怕拒絕，怕得不償失，現在做什麼都更樂觀，敢嘗試，敢面對，敢失敗。

第四是心氣更足了，打籃球的時候，會覺得「我可以比她投得更準」；參觀博覽會的時候，會產生「我可以比別人做得更好」的念頭。

健康生活的標準不是瘦，而是身材勻稱，渾身有力量，精力充沛，長時間大腦清醒，思考問題反應迅速，體態和面容比同齡人年輕，內心清爽無掛礙。

很多時候，我們總以為自己還年輕，就誤以為暴飲暴食沒關係，熬夜晚睡沒什麼，短期確實沒什麼影響，但長期的後果很嚴重：你的身體機能在一天天地下降，你的健康也在一點點地流失。實際上，你的精神、狀態、才能、財富、地位都是需要長期打磨和積累的，你的肉體也是。只要你不維護，不關注，它就會腐朽變臭。所以，你要每天用心呵護，認真保養，規律作息，合理飲食，適當運動，以及保持情緒穩定，而且要像刷牙和洗澡一樣勤，才能保持精神的清潔。

這也解釋了「為什麼有的人將近六十歲還能參加半馬」、「為什麼有的人年過半百還能每週跟年輕人一起踢足球賽」、「為什麼有的人一身肌肉，還要為了掌握某個技術動作，特地請健身教練教自己練習核心力量」，而你「稍微做點什麼就覺得累，稍微有點壓力就很沮喪」。

這不禁讓我想起了你人生的四大愛好：熬夜、宣布明天要早睡、吃飯、揚言要減肥。

不論什麼時候，都要把自己的身體和靈魂當作藝術品，好好打磨，用心去愛。你變好看了，世界就好看。

如果有一天，你飛黃騰達了，一定要有一個好身體，這樣才能好好地享受人生。

如果有一天，你落魄了，還是要有個好身體，這樣才能東山再起。

(3)

狀態不穩定、身體不舒服、總是覺得累、很焦慮、壓力大、很敏感，統統都可以用「好好休息」來改善。早睡早起、好好休息是最有效也最簡單的轉運方式。

關於休息，我有五個提醒：

1. 熬夜是精神上的藥，卻是身體上的病。

很多人都沒有意識到睡眠問題的嚴重性：如果長期熬夜，晝夜顛倒，會從生理過渡到心理，逐步地摧毀一個人的意志。

換個角度來說，當你對最新潮的科技產品絲毫不感興趣的時候，當你站在你最喜歡的熟食區前卻毫無食欲的時候，當你喜歡的歌手或者演員出新作品你卻一點不激動的時候，你就該明白「我需要休息」了。

類似的還有，你「感到絕望的時刻」往往是你「身體狀態很差的時刻」。這時候就要提醒自己：「是我的身體不舒服，不是我的人生完蛋了。」

嗯，真的別再熬夜玩手機了，容易把眼睛熬壞。不信你點開戶頭的餘額看一看，是不是看不到了？

2. 三天打魚，三百六十二天曬網，這不叫休息。休息是安心地睡大覺，開心地吃東西，放鬆地跟朋友玩，非常期待地去遠方看風景，花自己的錢買喜歡的東西，憑本事幫助別人，是熱氣騰騰地活著，而不是雙目無神地癱著或者滿心焦慮地愁著。

3. 規定自己學習一小時就必須玩十分鐘。

強迫自己休息和強迫自己努力一樣重要。之所以設定週末、節假日、下班時間、課間，是因為我們的身體需要休息，不是為了繼續打工，只是為了休息。

生活中，你覺得「我好辛苦」，也不是因為你嬌氣，而是你的靈魂需要休息。

4. 不要過度以「自律的人生」為標竿。

有些人希望自己能像機器一樣，幾點睡覺，幾點起床，幾點做事，按部就班，有條不紊。但這既難做到，也沒必要。

狀態不對或者心情不好，就大大方方地去看電影、玩遊戲、閒聊、睡大覺、吃東西，心裡有個時間底線就好。硬著頭皮逼自己上進，不但什麼都做不好，而且還會產生厭惡情緒。不如等你休息夠了，狀態來了，做什麼都不費勁。就像種子，不需要跟嚴冬對抗，只需靜靜地待在土裡，等春天來了，生長就會自然發生。

5. 床就像人類的無線充電器。

人就像電池，睡眠就是充電。年輕時，充電的時間長，待機時間也長，你可以精神抖擻很長時間。但隨著年老體衰，睡眠短了，精力也不夠用了，待機時間也短了，就需要頻繁充電。更有甚者，睡了一整晚，第二天醒來還是覺得沒精神。而睡眠不足是人生糟糕的開始。

一個善意的提醒，如果你不主動選擇一個時間休息，你的身體就會替你選。

(4)

身體就像一艘船，如果船沉了，那你的一切就都沒了。

所以，越是遇到難關，越要大口吃飯、把覺睡足。只有先照顧好肉身，靈魂才不會四面受敵。

關於身體，我也有五個提醒：

1. 如果說時間就是金錢，那麼長壽就是在賺錢。

保持健康不只是為了長壽，更是在爭取減少離世之前的病痛時間。安詳去世和被病痛長期折磨直到去世，那是兩種完全不同的人生。

2. 接受「不能吃爽」這件事。

當一個人產生了「吃得很爽」的感覺，這就意味著，他不是吃飽了，而是吃多了。吃得爽，無非是油過量、糖過量。吃大白菜也能吃飽，但應該沒有人會稱之為「吃得很爽」。

所以，想要健康飲食，就得接受「吃得不夠爽」這件事。越是年紀漸長，就越是如此。

3.只有健康地活著，人生才會出現轉機。

每一次克制自己，就意味著你比從前更強大。因為只要少吃，你就會瘦；只要控油控鹽，你的皮膚就會變好；只要少吃糖，你就會更顯年輕；只要多運動，你的身體就會變好。

尤其是在低潮期，照顧好自己的身體才是真正的未來可期。

4.面對問題就是解決問題的開始。

不管是身體還是心理，都不能諱疾忌醫。心理也可能生病，也需要看醫生吃藥，就像感冒了吃藥一樣。

不用管別人怎麼看，別人是不可能理解你的。別說人和人了，就算是「晚睡的自己」和「早起的自己」，「餓著肚子的自己」和「吃撐了的自己」都是沒辦法互相理解的。

5. 想要處理好生活中那些不健康的東西，你就必須盡可能地健康。

不管你選擇哪種活法，身體一定要棒，心氣一定要足。

就像減肥這種事，要多關注內心的振作，而不是電子秤上的數字；就像掉髮這種事，要多想想內心的晴朗，而不是緊盯著頭上的「餘額」；就像活著這種事，要到外面去感受和煦的風和溫暖的光，而不是像總想躲在暗處的狼。

切記，對漫長的人生來說，健康的身體是有免費試用期的。如果你不好好保養，試用期會大幅縮短。試用期結束了會怎麼樣？會得病，會「嗝屁」。

24. 關於性格

太多人輸在不像自己，而你勝在不像別人

(1)

一個人最好的狀態，是能做到這四點：

1. 隨時能哄自己開心。

情緒不佳的時候，能把所有的注意力用來取悅自己，然後快速地將自己切換到快樂模式、自嗨模式、無腦模式、小朋友模式。

2. 情緒穩定。

不是一天到晚都心如死水的那種「穩定」，而是遇到事了，能夠調動積極的情緒，壓制消極或憤怒的情緒，不隨便抓狂，不輕易發飆，不自我拉扯。

3. 沉得住氣。

就算是經歷了大風大浪，卻還平靜得就像只是下雨時濕了褲腳一樣，不自亂陣腳，不怨天尤人，不慌不擇路。

4. 享受獨處。

不是躲在角落裡不見人，不參與社交，不與人打交道，而是既能跟世界抱作一團，也能自己一個人玩，而且自己玩得很開心、很自在、很舒服。

這樣的你，不卑不亢，不慌不忙。即便是陰天，你也知道「太陽正在載入中」；即便諸事不順，你也相信「好運正在來的路上」。

(2)

先說「隨時能哄自己開心」，我首先想到的就是汪曾祺先生。當年敵機轟炸，動不動就全城警報，時不時就會殞命，但汪曾祺說那是談戀愛的好時機：「空襲警報一響，男的就在新校舍的路邊等著，有時還提著一袋點心吃食。」

他常往松林的方向跑，因為可以買炒松子，一邊躲轟炸，一邊大快朵頤。寬裕些時，就去集市的攤邊吃白斬雞，美其名曰「坐失良機」（坐食涼雞），或是在街頭酒館要一壺酒、一碟豬頭肉。

就這樣，那段痛苦的日子在他的回憶裡竟然閃閃發光：「在昆明，見了長得最好的茶花，吃了最好吃的牛肉，好吃的米線可救失戀的痛苦。」

後來去田野農地做插秧、鋤地、噴藥、扛東西的差事，這對四十歲的文弱書生來說一點都不輕鬆，可他卻說：「人不管走到哪一步，總得找點樂子，想一點辦法，老是愁眉苦臉的，幹嘛呢！」於是，噴灑農藥的時候，他欣賞著好看的天藍色。後來竟然成了「噴藥能手」，別人請他總結經驗，他說：「我覺得這活有詩意。」

馬鈴薯開花，他摘一把放在玻璃杯裡，對著畫花和葉；馬鈴薯熟了，他就畫薯塊，畫完就烤來吃掉，甚至還得意地說：「全國像我一樣吃過那麼多種馬鈴薯的人，大概不多！」

別人盛讚他是個隨遇而安的人，他說隨遇而安就是「哄自己玩」，還特地解釋了一下：「也不完全是哄自己。生活，是很好玩的。」

世界上最厲害的本事就是，以愉快的心情處世，以赴宴的心情活著。

如果有父母疼愛，有良人相伴，那就不鬧不吵，好好珍惜；如果親情淡薄，遇人不淑，那就為自己而活。生命已然那麼苦澀，更沒必要讓自己悶悶不樂。

快樂才是目標，方法是把今天過好。所有你覺得快樂的時刻，都是內心「暴富」的時刻。

怕就怕，你對他人的期望過高，忽視了自我精進，在不知不覺中把負面想法和他人的看法放在首位。

於是，你一遇到別人的誤解，一想到自己跟別人的差距，內心瞬間就充滿了碩大無比的自卑；一遇到點事就睡不著覺，一有點失望就吃不下飯，一休息就責怪自己不上進，一停下來就焦慮得快要瘋掉，一輸了就認定自己是個廢物。

怕就怕，不管是碌碌無為的你，還是功成名就的你，始終不開心。灌滿你身體的只有疲憊感、孤獨感、無聊感；你跟誰都能聊幾句，但跟誰都不敢掏心；你渴望親密的關係，但又害怕靠得太近；你想要長久的感情，但忍受不了日常的瑣碎。

於是，你一邊賣力地合群，一邊賣力地遠離人群；一邊假裝樂觀，一邊真的消極。

我想提醒你的是，不能讓自己開心的選擇不可能是正確的選擇。反之，只要自己是開心的，那麼人生這條路怎麼走都問題不大。

做人哪，越是把自己調整到愉快的頻道，生活就越容易出現愉快的人和幸運的事。

心情好，身體好，運氣就好。

反正我的個人偏見是：一個人只要開心，就會自動好看十倍，反之，一個人只要生氣，就會自動難看十倍。

所以，開心的主動權要牢牢握在自己手裡，要時刻記得為自己的開心儲值，不要讓它逾期停用了。

那麼如何為自己的開心儲值呢？有三個小竅門可供參考。

1. 遇到了大麻煩，就說「做人最重要的是開心」。

這句話在很多影劇裡出現，比如案子還沒破，主角卻要被老媽叫回家裡喝湯；比如主角遇到了大麻煩，配角就會煮碗麵，然後講一句「做人最重要的是開心」。

說出這句話或許解決不了什麼實質問題，但人生不就是一次次地硬著頭皮上嗎？

2. 倒楣了，就將一天分為「早、中、午、晚」四季，即使搞砸了一個季節，也可以在下一個季節找回狀態。

比如早上心情很糟，但不要預設一整天都心情不好；比如中午吃撐了，但不該影響當晚的減肥計畫；比如下午挨罵了，但不影響晚上約會的心情。

把時間盡可能地切割，就會產生大把「重新開始」的勇氣。

3. 精神內耗了，就試試「轉念一想」。

失戀了，就勸自己：「那種人，就當是打麻將輸了。」

感冒了頭痛，就安慰自己：「一定是有人在竊取我的智慧。」

飯菜沒味道，就提醒自己：「馬鈴薯是蔬菜，所以薯條沾番茄醬也可以算是一種沙拉。」

即便是減肥失敗，也可以發個貼文報喜：「這個月本來計畫胖三公斤的，結果只胖了一公斤，嘿嘿，相當於瘦了兩公斤。」

心要像傘一樣，既撐得住，又收得起。

(3)

說起「情緒穩定」，我想到了前不久滑到的一個短影片。

主角是個老闆，在一線城市打拚了二十多年，每天起早貪黑，兢兢業業，他成了家，也立了業，有三間房子，有賢慧的妻子和漂亮的女兒。

有一天，老闆被一個外送員撞倒了，還沒等老闆開口，外送員就指著老闆的鼻子罵了起來，罵他沒長眼睛，順帶還問候了他的長輩。

老闆全程賠笑臉，路人看不過去了，嘲笑老闆傻。老闆趕忙承認道：「是是是，我怕他。」

老闆心裡想的卻是：「我等一下還得去簽一個兩百萬的合約，之後還要去接我女兒放學，妻子還等著我們回家吃晚飯呢！」

關於情緒，要記住一個原則：誰擁有更多，誰就更應該避免糾纏；誰損失更大，誰才真正的輸家。

遇到一個無禮的傢伙，你不知道這個脾氣火爆的陌生人今天經歷了什麼委屈和難過，也不知道他此時憋了多大威力的火氣，更不知道他發洩的方式有多粗暴，但你知道你的公司還有很多事情等著你去處理，你的孩子還等著你忙完了帶她去遊樂場，你的家人還等著你回家吃飯。所以你不會因為一時的委屈和憤怒就去糾纏或挑釁陌生的人，因為你知道，在僅有一次的生命和已經很幸福、很美滿的生活面前，所有的退讓都無比光榮。

情緒穩定的人，不會為了一句無心的話就亂發脾氣，不會把內心的負能量傾瀉給無辜的人，不會讓家人為自己的行為擔驚受怕，更不會讓自己和親朋好友陷入危險的境地，因為他們很清醒，知道還有很多東西比宣洩情緒更重要。

換言之，那些情緒穩定、活得豁達的人，並不一定脾氣很好、天性善良，而是頭腦清楚，知道利害關係。

怕就怕，你二三十歲的年紀，卻有著六七十歲的身體狀態，十五六歲的經濟實力，和三四歲的情緒管理能力。

關於情緒，我要提五個醒：

1. 情緒不穩定是正常的。

任何人，一旦受到了超過他承受能力的壓力，都會變得暴躁、焦慮、沮喪、憂鬱，言語帶有攻擊性，無法保持理智。如果有的人能一直情緒穩定，那說明他處在一個很安穩的環境裡，而不是說他本身是個完美的人。

2. 別人對你生氣，也許和你做了什麼沒關係。

人和人的矛盾衝突就像交通事故，要先分清責任，而不是一上來就全包下來。比如某人生你的氣，到底是因為你做了錯事刺激了他，還是因為他事出有因，或者承受能力差？

弄清楚了，然後再決定是賠禮、道歉、對吼，還是靜靜地「欣賞」對方的咆哮、嘶吼、狂怒。

3. 情緒都擺在臉上，也許不是真性情，而是心智、教養、實力不夠的體現。

如果一個人總是控制不住情緒，總想發洩，總是圖一時痛快，那高機率是他的內心特別沒底，無論是自身的實力，還是背後的靠山，都沒有。

想必你也注意到了：發洩是弱者對付不爽的唯一手段。

4. 情緒穩定並不意味著沒有情緒。

你會有糟糕的日子，會犯錯誤，會失敗，會有搞砸的時候，不用逼著自己快樂、鬆弛、無所謂，也不用排斥焦慮、遺憾、不開心。好的情緒當然值得擁有，但壞的情緒也沒什麼大不了的。

沒有錯誤的情緒，只有不被允許的情緒。

5.情緒來了的時候，你要做的是等一下，等情緒過去。

很多人會因為一個不重要的人、一件不痛不癢的事，就氣鼓鼓地說「我討厭這個世界」，但其實，你有愛你的家人，有喜歡你的朋友，你也曾遇到過很多溫暖的人，後面這些才是你的世界，你討厭的只是那個被負面情緒包圍的自己。

就像作家余華說的那樣：「其實是你的情緒進入了死胡同，而不是人生進入了死胡同。」

我想提醒你的是，如果花時間去討厭你討厭的人，你就少了時間去喜歡你喜歡的人；如果花精力去計較讓你不爽的事，你就少了精力去體驗讓你開心的事。

恨、煩、焦慮、難過都是別人帶來的，可時間和精力卻是你自己的，它們非常有限，而且一去不返。

還是那句話，不動聲色就能過去的事情，就不要浪費時間和精力去拉扯；能用實力碾壓的問題，就不要講狠話或者飆髒話。

(4)

聊「沉住氣」之前，先聊「沉不住氣」。

沉不住氣的人都有個通病：無法全力以赴。

看書，看不了十分鐘就想玩手機；讀書，讀不了三分鐘就想看短影片；鍛鍊，跑不了三天就嫌累受不了；戀愛，一有矛盾就想著分手；工作，稍有不如意就想破罐子破摔……

沉不住氣的人還特別容易「心慌慌」。

看別人都在努力或者看別人都在玩，心慌慌；已經做好了出遊計畫，但同行的人臨時說有事去不了，心慌慌；心心念念的網紅景點，到了才發現暫不開放，心慌慌；團隊合作的事情快到截止日期了，可豬隊友還在優哉游哉，心慌慌；非常在乎的一場考試，只剩兩個月了，卻發現自己不會的題目還有很多，心慌慌；約會的時間馬上就要到了，但路上塞得水泄不通，心慌慌……

結果是，你一天到晚就只顧看東南西北、看上下左右、看男女老少，就是不看自己腳下的路。

我想提醒你的是，太急的人是很容易出局的。就像是需要細火慢燉的佳餚，如果你非要用猛火，過程難熬不說，結果還容易糊。

沉不住氣的根源是，欲望大於能力，同時又缺少耐心。

那麼，「沉得住氣」是什麼樣子呢？

1. 接受發生在自己身上的一切，對自己的選擇和錯誤負責，對自己的情緒和感受負責，對自己的需求和個性負責。

2. 知道自己「要什麼」和「不要什麼」。會管好自己的嘴巴，不隨便向他人過度傾訴；會有自己的堅持，不被廉價的言論煽動；會有自己的底線，不因為面子而隨便更改；會因為內心足夠強大而表現得非常溫柔，很少表現出攻擊性。

3. 能夠稀釋自己的大悲大喜，也能夠盡興地活在當下。內心篤定，同時又不拒絕任何變化。類似於說：「我堅持我自己的觀點，同時不認為跟我觀點不同就是錯的，也不認為跟我觀點相反就是對我有意見。」

4. 對想要的結果有超出常人的耐心，但不同於消極被動地混日子，而是一邊做，一邊等待；一邊調整，一邊等待；一邊過好今天，一邊等待。

5. 不會以成敗論英雄，而是很清楚「成功都是機率事件」，努力、沉澱、思考、外援都只能提高成功率而已，並不能保證成功。

6. 不會一直在問題和既成事實上糾結，而是優先尋求解決問題的方法。就算是搞砸了，也會從關注「我失去了什麼」，調整為關注「我學會了什麼」。

7. 不會因為別人比自己好就焦慮，也不會因為沒有人理自己就亂了節奏。也許自己會走得很慢，但是比誰都堅定、踏實，不用擔心會一腳踩空，也不害怕會走到別人的軌道上去。

沉得住氣，意味著你為痛苦、為問題、為情緒多準備了一些時間。時間不會讓你徹底放下，但是時間會讓你慢慢接受這個事實；時間無法撫平你的傷痛，但是時間會讓你慢慢不覺得難過；時間不能給出所有問題的答案，但是時間會讓「曾經覺得很要命」的問題變得沒那麼重要。

沉得住氣的人，就算搞砸了，也還能重新開始；就算被錘了，也依然意志堅定。對於已經發生的一切，都既往不咎；關於尚未發生的種種，底氣是來日方長。

人生嘛，各有各的路口和渡口，各有各的時鐘和東風。如果自己亂做一團，沒有誰會是你的答案。

(5)

最後要說的是「享受獨處」，我稱之為「和自己約會」。

我現在最享受的事情就是和自己約會。我喜歡一個人爬山，一個人逛街，一個人吃飯，一個人看電影，一個人到處走走停停。我常常祈禱：「拜託推銷員不要打電話給我，拜託不熟的朋友結婚生孩子不要傳給我請柬，拜託鄰居在電梯裡遇見了不要跟我尬聊。」

我就想自己一個人待著，當全人類的外賓。

和自己約會時，我感覺自己是自由的，安靜的，清醒的。我絲毫不覺得難過，反倒是覺得生活明朗，萬物可愛，人間值得，來日可期。

和自己約會最過癮的地方是，我想去哪裡就去哪裡，想什麼時候出發就什麼時候出發，不必遷就別人的喜好，不必迎合別人的口味，不必為了「繼續同行」而行色匆匆。那條街我想逛多久就逛多久，那個展我想看多久就看多久，那個書店我想待多久就待多久。我全然地站在自己這邊，全心全意地照顧好自己的感受，並且，我非常喜歡那一刻的自己。

感覺就像是，我站在深沉的夜色裡，看見了明月升起來。

享受獨處並不是把自己的身體和靈魂都封閉起來，而是把喧囂擋在外面；不是和這個世界徹底劃清界限，而是換一種舒服的方式參與其中。

享受獨處的人，並不缺乏社交的技巧，只是不感興趣，他們可以交談，但不是和所有人；也不是有什麼毛病，而是他們主動選擇了自己待著。

他們不想融入什麼吵鬧的集體，也不想被什麼無聊的人打擾，他們樂於和自己玩，樂於陪自己過週末。

他們有融入某個集體的本事，同時也有隨時抽身出來的能力；他們瞭解、理解、接納自己性格和能力的優勢、短處，不需要靠別人的巴結來獲得成就感，不需要靠貶低別人來獲得優越感，也不需要靠別人的表揚來獲得存在感。

如果再有人問你：「最近怎麼看不到你？」你就告訴他：「太內向，出門只走下水道。」

如果再有人問你：「你一個人待在樹下有什麼意思？」你就告訴他：「可有意思了，給蟲子當自助餐。」

關於獨處，我希望你明白五件事：

1. 在自己的人生裡做好主角，豐富劇情，在別人的生活裡安心做配角，坦然地跑龍套。別搞反了。

2. 不是因為你走得太快了才孤獨的，而是因為孤獨，你才能走得比別人更快一點。換句話說，讓你孤獨的東西，也在讓你特別。

3. 在一個糟糕的環境裡，合群的同義詞叫「浪費時間」。

4. 幸福不是非得和誰建立關係，一個人待著也可以很幸福。

5. 有兩個階段是人生必須經歷的：一是難過的事情找不到人傾訴，二是開心的事情找不到人分享。

前路漫漫，當克己，當慎獨，磨棱角，退優越，沉住氣，扛住事，靜下心。

願我們都能收拾好心情，整理好情緒，照顧好身體，以最大的平靜去愛不確定的生活，以最大的耐心去面對突如其來的變化和身不由己的麻煩，不染戾氣，不昧良心，不失毅力，不丟信心，早日畢業於生活的驚濤駭浪。

最後還要特別提個醒：不管跟誰說話，別問「在嗎」，如果你有分量，別人就算很忙，也會對你說「不忙」；如果你分量不足，別人就算不忙，也會對你說「很忙」。

換言之，別人「在不在」、「忙不忙」，取決於「你是誰」、「你要說什麼」和「你算老幾」。

有什麼事就直說。你說了，我才能決定「忙」還是「不忙」。

假如，我是說假如，假如我說「在忙」，你知道了就行，別再追問「在忙什麼」，還得現編，煩死了。

鳴謝

劉毅、云云狗

高寶書版集團
gobooks.com.tw

高寶文學 093

宇宙不是沒有安排你，只是安排得比較晚

作　　者　老楊的貓頭鷹
責任編輯　陳柔含
封面設計　黃馨儀
內頁排版　賴姵均
企　　劃　陳玟璇

發 行 人　朱凱蕾
出　　版　英屬維京群島商高寶國際有限公司台灣分公司
　　　　　Global Group Holdings, Ltd.
地　　址　台北市內湖區洲子街 88 號 3 樓
網　　址　gobooks.com.tw
電　　話　(02) 27992788
電　　郵　readers@gobooks.com.tw（讀者服務部）
傳　　真　出版部 (02) 27990909　行銷部 (02) 27993088
郵政劃撥　19394552
戶　　名　英屬維京群島商高寶國際有限公司台灣分公司
發　　行　英屬維京群島商高寶國際有限公司台灣分公司
法律顧問　永然聯合法律事務所
初版日期　2025 年 6 月

原書名：凡事發生必有利於我
中文繁體版通過成都天鳶文化傳播有限公司代理，由果麥文化傳媒股份有限公司授予英屬維京群島商高寶國際有限公司台灣分公司獨家出版發行，非經書面同意，不得以任何形式複製轉載。

國家圖書館出版品預行編目 (CIP) 資料

宇宙不是沒有安排你，只是安排得比較晚 / 老楊的貓頭鷹著. -- 初版. -- 臺北市：英屬維京群島商高寶國際有限公司臺灣分公司，2025.06
面；　公分. -- (高寶文學：093)

ISBN 978-626-402-269-9(平裝)

1.CST: 生活指導　2.CST: 自我實現

177.2　　114006345